# Sådant är lagen inte emot

Andens frukt

# Sådant är lagen inte emot

Dr. Jaerock Lee

**Sådant är lagen inte emot** av Dr. Jaerock Lee
Utgiven av Urim Books (Representant: Sungnam Vin)
73, Yeouidaebang-ro 22-gil, Dongjak-gu, Seoul, Korea
www.urimbooks.com

Används med tillstånd. Ingen del av boken eller boken i sin helhet får reproduceras i någon form, genom lagring i elektroniska medier eller överföring på något sätt eller genom något annat tillvägagångssätt, elektroniskt, mekaniskt, kopiering, samt bandinspelning eller liknande, utan tidigare inhämtat skriftligt tillstånd från utgivaren.

Där ingenting annat anges är bibelcitaten hämtade från Svenska Folkbibeln®.

Copyright © 2020 av Dr. Jaerock Lee
ISBN: 979-11-263-0536-0 03230
Translation Copyright © 2014 av Dr. Esther K. Chung. Används med tillstånd

*Första engelska utgåvan februari 2020*

Tidigare utgiven på koreanska 2009 av Urim Books, Seoul, Korea

Redigering av Dr. Geumsun Vin
Design av Redaktionsavdelningen, Urim Books
Tryckt av Prione Printing
För mer information, kontakta: urimbook@hotmail.com

*"Andens frukt däremot är kärlek, glädje, frid, tålamod,
vänlighet, godhet, trohet, mildhet och självbehärskning.
Sådant är lagen inte emot."*

Galaterbrevet 5:22-23

Förord

Kristna får sann frihet
när de bär Andens frukter,
Sådant är lagen inte emot.

Alla måste följa lagar och regler i varje given situation. Om man upplever att lagarna är som bojor som binder en kommer man känna sig nedtyngd och plågad. Om man för att man känner sig nedtyngd börjar skapa kaos och oreda, är det inte frihet. Efter att man har gett sig till sådant kommer bara en känsla av meningslöshet kvarstå och till slut är det bara evig död som väntar en.

Sann frihet är att bli fri från evig död och från alla tårar, all sorg och all smärta. Det är också att ha kontroll över ursprungsnaturen som ger oss sådana besvär och att få makt över allt den. Kärlekens Gud vill inte att vi ska behöva lida och därför har Han i Bibeln skrivit ned hur man kan få njuta av evigt liv och sann frihet.

Kriminella människor som överträder lagen blir nervösa om de ser polisen. Men de som lever laglydigt känner sig inte så, i stället har de alltid med att fråga polisen om hjälp och de känner sig tryggare när de ser polisen.

På samma sätt är det med dem som lever i sanningen. De fruktar ingenting och njuter av sann frihet eftersom de förstår att Guds lag är vägen till välsignelser. De kan vara glada över friheten liksom valar som simmar runt i havet och som örnarna som flyger i skyn.

Guds lag kan sammanfattas i fyra kategorier. Den säger åt oss vad vi ska göra, inte göra, hålla eller bevara och vad vi ska göra oss av med. Allt eftersom tiden går blir världen mer och mer nersmutsad av synder och ondska, och därför känner fler och fler att Guds lag är nedtyngande och håller den därför inte. På Gamla Testamentets tid fick Israels folk lida mycket när de inte höll Moses lag.

Därför sände Gud Jesus till denna jord och satte alla fria från lagens förbannelse. Den syndfria Jesus dog på korset, och varenda en som tror på Honom kan bli frälst genom tro. När man tar emot den Helige Andes gåva genom att acceptera Jesus Kristus blir man ett Guds barn, och då kan man också bära den Helige Andes frukter med hjälp av den Helige Ande.

När den Helige Ande kommer in i våra hjärtan hjälper Han oss att förstå djupet i Gud och att leva efter Guds Ord. När det till exempel finns någon som vi verkligen inte kan förlåta, påminner Han oss om Herrens förlåtelse och kärlek och hjälper oss att förlåta personen. Då kan vi snabbt göra oss av med det onda i våra hjärtan och ersätta det med godhet och kärlek. När vi på det här sättet bär Andens frukter, genom den Helige Andes ledning, kommer vi inte bara njuta av frihet i sanningen utan också ta emot överflödande kärlek och välsignelser från Gud.

Genom Andens frukt kan vi också se hur pass helgade vi själva är, hur pass nära vi kan komma Guds tron samt hur mycket vi har kultiverat Herrens hjärta, Han som är vår brudgum. Ju mer av Andens frukter vi bär, desto ljusare och vackrare boplats kommer vi få i himlen. För att komma till Nya Jerusalem i Himlen måste vi ha alla frukterna helt och hållet och bära dem på ett underbart sätt, inte bara några av dem.

Detta verk *Sådant är lagen inte emot* hjälper dig att enkelt förstå den andliga betydelsen av de nio frukterna från den Helige

Ande och ger dig specifika exempel. Tillsammans med Andlig kärlek som beskrivs i 1 Korinterbrevet 13 och Saligprisningarna i Matteus 5, är den Helige Andes frukter vägvisare som leder oss till sann tro. De kommer att leda oss tills vi når slutmålet för vår tro, Nya Jerusalem.

Jag önskar att tacka Geumsun Vin, direktör över redigeringsavdelningen samt personalen, och jag ber i Herrens namn att ni snabbt kommer att bära den Helige Andes nio frukter genom denna bok, så att ni kan njuta av sann frihet och bli bofasta i Nya Jerusalem.

*Jaerock Lee*

Introduktion

En vägvisare på vår resa i tro
till Nya Jerusalem i Himlen

I den här moderna världen är alla så upptagna. Man arbetar och strävar efter att äga och njuta av så mycket som möjligt. Ändå finns det människor som fortfarande har en del mål i livet och som trotsar den gängse livsstilen i världen, men till och med dessa människor kanske då och då undrar om de verkligen lever ett riktigt liv. Då börjar de kanske se tillbaka på sina liv. I vår resa i tro kan även vi få en snabb tillväxt och hitta genvägar till himmelriket när vi börjar se tillbaka på våra liv utifrån Guds Ord.

Kapitel 1, "Att bära Andens frukt", förklarar om den Helige Ande som uppväcker den döda anden som på grund av Adams synd dog. Det berättar för oss att vi kan ha den Helige Andes frukter i överflöd när vi följer den Helige Andes vilja.

Kapitel 2, "Kärlek" berättar för oss vad Andens första frukt "kärlek" handlar om. Det visar en del korrumperade former av kärlek som kommit upp allt sedan Adams fall och ger oss vägarna till hur vi kultiverar den kärlek som behagar Gud.

Kapitel 3, "Glädje" säger att glädje är den grundläggande standarden med vilken vi kan se om vår tro verkligen är äkta och förklarar varför vi har förlorat glädjen i den första kärleken. Det informerar oss om tre sätt som vi kan bära frukten glädje, med vilken vi kan fröjda oss och vara glada i alla situationer och omständigheter.

Kapitel 4, "Frid" fastslår att det är viktigt att bryta ner syndens murar för att kunna få frid med Gud, och att vi måste bevara friden med varandra och alla människor. Det låter oss också få förstå vikten av att tala goda ord och se saken från andra människors synvinkel i processen att skapa frid.

Kapitel 5, "Tålamod" förklarar att sant tålamod inte bara är att hålla tillbaka arga känslor utan att ha tålamod med ett gott hjärta som är befriat från ondska, och att vi kommer få stora välsignelser när vi har sann frid. Det tar en djupdykning i tre sorters tålamod: tålamod till att förändra ens eget hjärta; tålamod med andra; och tålamod i relationen till Gud.

Kapitel 6, "Vänlighet" lär oss hur en person med vänlighet är med Herren som exempel. När vi ser på karaktären som en vänlig person har, förstår vi också skillnaden mellan vänlighet och kärlek. Till sist visar det oss även ett sätt som vi kan ta emot Guds kärlek och välsignelser.

Kapitel 7, "Godhet" säger oss hur ett hjärta med godhet är med Herren som exempel, vars röst inte hördes på gatorna och som inte krossade ett brutet strå eller släckte en rykande veke. Det visar också på skillnaden mellan godhet och andra frukter så att vi kan bära frukten godhet och sprida Kristi väldoft.

Kapitel 8, "Trohet" lär oss vilka slags välsignelser vi tar emot när vi är trogna Gud i allt. Med Mose och Josef som exempel får vi insikt i hur en person är som bär frukten trohet.

Kapitel 9, "Mildhet" förklarar vad mildhet är i Guds ögon och visar oss karaktären hos dem som bär frukten mildhet. Det ger oss en illustration med fyra områden där vi behöver bära frukten mildhet. Det visar oss till sist vilka välsignelser de som är milda får.

Kapitel 10, "Självbehärskning" åskådliggör varför självbehärskning är den sista av alla nio frukter från den Helige Ande och belyser vikten av den. Frukten självbehärskning är något som man inte kan vara utan eftersom den styr alla de andra åtta frukterna från den Helige Ande.

Kapitel 11, "Sådant är lagen inte emot" är en sammanfattning av denna bok, och som hjälper oss att förstå vikten av att följa den Helige Ande. Den är skriven med en önskan att alla läsare snabbt ska bli människor med hel ande genom den Helige Ande hjälp.

Bara för att vi har varit troende en längre tid eller för att vi kan mycket av det som står i Bibeln kan vi inte säga att vi har stor tro. Måttet av ens tro beror på hur mycket man har förändrat sitt hjärta till att bli ett sant hjärta och hur mycket man har kultiverat Herrens hjärta i sig.

Min förhoppning är att alla läsare ska kunna se över sin egen tro och i överflöd bära den Helige Andes nio frukter, med hjälp av den Helige Ande.

*Geumsun Vin*
Direktör över redaktionsavdelningen

# INNEHÅLL
*Sådant är lagen inte emot*

Förord · vii

Introduktion · xi

*Kapitel 1*
Att bära Andens frukt     1

*Kapitel 2*
Kärlek     13

*Kapitel 3*
Glädje     29

*Kapitel 4*
Frid     47

*Kapitel 5*
Tålamod     67

*Kapitel 6*
Vänlighet — 85

*Kapitel 7*
Godhet — 101

*Kapitel 8*
Trohet — 119

*Kapitel 9*
Mildhet — 137

*Kapitel 10*
Självbehärskning — 159

*Kapitel 11*
Sådant är lagen inte emot — 175

Galaterbrevet 5:16-21

*Sådant är lagen inte emot*

"Vad jag vill säga är detta: Vandra i Anden, så kommer ni inte göra vad köttet begär. Ty köttet söker det som är emot Anden och Anden söker det som är emot köttet. De två strider mot varandra för att hindra er att göra det ni vill. Men om ni leds av Anden, står ni inte under lagen. Köttets gärningar är uppenbara: de är otukt, orenhet, lösaktighet, avgudadyrkan, svartkonst, fiendskap, kiv, avund, vredesutbrott, gräl, splittringar, villoläror, illvilja, fylleri, utsvävningar och annat sådant. Jag säger er redan i förväg vad jag redan har sagt: de som lever så skall inte ärva Guds rike."

*Kapitel 1*

# Att bära Andens frukt

Den Helige Ande uppväcker den döda anden
Att bära Andens frukt
Det som den Helige Ande söker och det som köttet söker
Låt oss inte tappa modet i att göra gott

Att bära Andens frukt

Om en chaufför fick möjligheten att köra på en bilfri motorväg skulle han uppleva en känsla av frihet. Men om det var första gången han körde igenom området skulle han ändå behöva vara uppmärksam och på alerten. Men om han hade en GPS (navigationssystem) i bilen då? Då skulle han få detaljerad information om vägen och korrekta instruktioner för var han ska köra så att han kan nå destinationen utan att köra vilse.

Vår resa i tro på vår väg till himmelriket är väldigt lik detta exempel. Den Helige Ande beskyddar och leder dem i förväg som tror på Gud och lever av Hans Ord så att de kan undvika diverse hinder och svårigheter i livet. Den Helige Ande leder oss på den kortaste och enklaste vägen till vår destination, himmelriket.

## Den Helige Ande uppväcker den döda anden

Den första människan Adam var en levande ande när Gud skapade honom och blåste in livsande i hans näsa. "Livsanden" är "den kraft som finns i ursprungsljuset" och fördes vidare till Adams efterkommande medan de levde i Edens lustgård.

Men när Adam och Eva begick olydnadens synd och drevs ut till denna jord, förändrades allt. Gud tog bort större delen av livsanden från Adam och Eva och lämnade bara ett litet spår av den, och den kallas "livets säd." Denna livets säd kan inte ges vidare från Adam och Eva till deras barn.

Det är i den sjätte graviditetsmånaden som Gud lägger livets säd i babyns ande och planterar säden i en cellkärna i hjärtat, vilket är den centrala delen av människans kropp. För dem som inte har accepterat Jesus Kristus förblir livets säd inaktivt precis som ett frö som är täckt av ett hårt skal. Vi kallar det att anden är död medan livets säd är inaktivt. Så länge anden förblir död, kan man inte heller få evigt liv eller komma till himmelriket.

Allt sedan Adams fall är det förutbestämt att alla människor ska dö. För att man ska få evigt liv igen, måste man bli förlåten sina synder, vilket är den ursprungliga orsaken till att man dör, och ens döda ande måste bli uppväckt. Det var därför som kärlekens Gud sände sin enfödde Son Jesus till denna jord som ställföreträdare och öppnade vägen till frälsning. Jesus tog nämligen hela mänsklighetens synder på sig och dog på korset för att uppväcka vår döda ande. Han blev vägen, sanningen och livet för alla människor så att de kan få evigt liv.

När vi därför accepterar Jesus Kristus som vår personlige Frälsare blir våra synder förlåtna; vi blir Guds barn och tar emot den Helige Ande som gåva. Med kraften i den Helige Ande vaknar livets säd upp och blir aktivt, det som så länge varit inaktiv inuti det hårda skalet. Det är så som den döda anden blir uppväckt. Det är om detta som Johannes 3:6 talar, *"...det som är fött av Anden är ande."* Ett frö som har skjutit skott kan bara växa upp när det får vatten och solljus. På samma sätt måste livets säd få andligt vatten och ljus så att det kan växa upp efter att det börjat skjuta skott. Det betyder att vi måste lära oss Guds Ord, vilket är andligt vatten, för att få vår ande att växa, och vi måste handla efter Guds Ord, vilket är andligt ljus.

Den Helige Ande som har kommit in i våra hjärtan överbevisar oss om synd, rättfärdighet och dom. Han hjälper oss att göra oss av med synder och laglöshet och leva i rättfärdighet. Han ger oss kraft så att vi kan tänka, tala och handla i sanningen. Han hjälper oss också att leva ett liv i tro där vi med tro och hopp ser fram emot himmelriket, så att vår ande verkligen kan mogna. Låt mig er en illustration så att det blir enklare att förstå.

Tänk dig ett barn som vuxit upp i en lycklig familj. En dag klättrar han upp på ett berg och ser ut över vidderna och ropar, "WOW!" Då hör han plötsligt någon som ropar tillbaka på exakt samma sätt, "WOW!" Överraskad frågar pojken, "Vem är du?" och får samma fråga tillbaka som svar. Pojken blir arg över att den andra härmar honom, och säger, "Är du ute efter att starta ett bråk eller?" och samma ord kommer tillbaka till honom. Nu tror han att någon ser honom och han blir rädd.

Han skyndar sig ner från berget och berättar för sin mamma. Han säger, "Mamma, det finns en riktigt elak typ på berget." Men hans mamma ler bara mjukt mot honom och säger, "Jag tror att killen på berget är en god pojke och han kan bli din vän. Varför går du inte tillbaka till i morgon och säger förlåt?" Nästa morgon går pojken upp på berget igen och ropar med hög röst, "Förlåt mig för igår! Kan du bli min vän?" Då får han samma ord tillbaka som svar.

Mamman hjälpte sin unga son att på egen hand förstå vad det var. Den Helige Ande hjälper oss på samma sätt som denna mjuka mamma i vår resa i tro.

## Att bära Andens frukt

När ett frö har såtts, skjuter det skott, växer upp och blommar, och efter blomningen kommer något annat ut, nämligen frukten. På liknande sätt sker det när livets säd inom oss, som är planterat av Gud slår rot genom den Helige Ande, det växer upp och bär frukter i den Helige Ande. Men inte alla som har tagit emot den Helige Ande bär den Helige Andes frukter. Vi kan bara bära Andens frukter när vi följer den Helige Andes ledning.

Den Helige Ande kan liknas vid en generator. Elektriciteten genereras när generatorn är påslagen. Om man kopplar en glödlampa till generatorn så att den får elektricitet, kommer den att börja sprida sitt ljus. När man tänder ett ljus försvinner mörkret. På samma sätt är det när den Helige Ande verkar i oss, mörkret i oss måste försvinna eftersom ljuset kommer in i våra hjärtan. Då kan vi bära den Helige Andes frukter.

Det finns något viktigt att lägga märke till här. För att glödlampan ska kunna sprida sitt ljus räcker det inte att den är kopplad till generatorn. Generatorn måste sättas på. Gud har gett oss generatorn som är den Helige Ande, och det är vi som måste sätta på generatorn, den Helige Ande.

För att vi ska kunna sätta på den Helige Andes generator måste vi vara på alerten och be uthålligt. Vi måste också lyda när den Helige Ande leder oss i sanningen. När vi följer den Helige Andes ledning och maning kan man säga att vi söker det som är den Helige Andes vilja. Vi kommer att bli uppfyllda av den Helige Ande när vi verkligen söker det som är den Helige Andes vilja och när vi gör det kommer våra hjärtan att förändras med hjälp av sanningen. När vi uppnår fullheten i den Helige Ande kommer vi att bära den Helige Andes frukter.

När vi gör oss av med all syndfull natur från våra hjärtan och kultiverar ett andligt hjärta med hjälp av den Helige Ande, kommer den Helige Andes frukter börja visa sig i våra liv. Men precis som det på en vinranka tar olika lång tid för druvorna att mogna, och de är också olika stora, kommer vissa frukter från den Helige Ande var fullmogna medan andra inte alls är mogna än. Frukten kärlek kan finnas i överflöd medan frukten självbehärskning inte är tillräckligt mogen än. Eller så kan frukten trohet i ens liv vara fullmogen medan frukten mildhet inte är det.

Men allt eftersom tiden går kommer alla druvor vara fullmogna och hela vinrankan vara full av stora, mörklila druvor. Om vi på liknande sätt bär alla frukter från den Helige Ande fullmogna, betyder det att vi har blivit en människa med hel ande, det som Gud verkligen önskar att se i oss. Sådana människor sprider Kristi väldoft på alla områden av deras liv. De kan tydligt kunna höra den Helige Andes röst och manifestera den Helige Andes kraft och på så sätt ge äran åt Gud. Eftersom de helt och hållet efterliknar Gud uppfyller de villkoren för att få komma in i Nya Jerusalem där Guds tron står.

## Det som den Helige Ande söker och det som köttet söker

När vi försöker göra det som är den Helige Andes vilja, kommer ett annat slags begär att störa oss. Det är köttets begär. Köttets begär följer osanningarna, vilket är motståndare till Guds Ord. Osanningarna får oss att göra sådant som köttet har begär till, vad ögonen har begär till och högmodet över livets goda. Osanningarna får oss också begå synder och göra det som är orättfärdig och laglöst.

För inte så länge sedan kom en man till mig och bad mig att be för honom så att han skulle sluta titta på perversa filmer. Han berättade att när han först började titta på det, var det inte för att ha trevligt utan för att förstå hur sådant kunde påverka personer negativt. Men när han hade tittat på det en gång blev han hela tiden påmind om scenerna och ville se dem igen. Men på insidan kände han den Helige Andes maning att inte göra så, och han kände sig plågad.

Genom ögonens begär blev hans hjärta uppeggat, genom det han såg och hörde med sina ögon och öron. Om vi inte hugger av detta begär som kommer från köttet utan bara fortsätter att acceptera det, kommer vi snart att ta emot ännu fler osanna saker och sedan kommer det bara att eskalera.

Det är därför Galaterbrevet 5:16-18 säger, *"Vad jag vill säga är detta: vandra i Anden så kommer ni inte att göra vad köttet begär. Ty köttet söker det som är emot Anden och Anden söker det som är emot köttet. De två strider mot varandra för att hindra er att göra det ni vill. Men om ni leds av Anden, står ni inte under lagen."*

När vi å ena sidan söker det som är den Helige Andes vilja har vi frid i våra hjärtan och vi kommer vara glada eftersom den Helige Ande är glad. Å andra sidan, om vi följer köttets begär kommer vi känna bekymmer i våra hjärtan eftersom den Helige Ande klagar inom oss. Vi kommer också att förlora fullheten i Anden så det blir svårare och svårare att göra det som är den Helige Andes vilja.

Paulus talade om detta i Romarbrevet 7:22-24, *"Till min inre människa gläder jag mig över Guds lag, men i mina lemmar ser jag en annan lag, som ligger i strid med lagen i mitt sinne och gör mig till fånge under syndens lag i mina lemmar. Jag arma människa! Vem kan frälsa mig från denna dödens kropp?"* Beroende på om vi söker det som är den Helige Andes vilja eller köttets begär kan vi antingen bli Guds barn som är frälsta eller mörkrets barn som är på väg mot döden.

Galaterbrevet 6:8 säger, *"Den som sår i sitt kötts åker skall av köttet skörda undergång, men den som sår i Andens åker skall av Anden skörda evigt liv."* Om vi följer köttets begär kommer vi bara begå köttets gärningar, vilka är synd och laglöshet, och till slut inte ens komma in i himmelriket (Galaterbrevet 5:19-21). Men om vi söker det som är den Helige Andes vilja kommer vi att bära den Helige Andes nio frukter (Galaterbrevet 5:22-23).

## Låt oss inte tappa modet i att göra gott

Vi kommer att bära Andens frukter och bli sanna Guds barn efter hur mycket vi handlar i enlighet med tro och följer den Helige Ande. I människans hjärta finns det dock två slags hjärtan, ett med sanning och ett med osanning. Hjärtat med sanning leder oss att följa den Helige Andes vilja och att leva efter Guds Ord. Hjärtat med osanning får oss att göra det som köttet begär och att leva i mörker.

Att till exempel helga Herrens dag, sabbaten, är ett av de tio budorden som Guds barn måste följa. Men en troende som har en butik och en svag tro kanske upplever en konflikt i sitt hjärta och tror att han kommer gå miste om förtjänst om han stänger sin butik på söndagarna. Här kan köttets begär få honom att tänka, "Men om jag stänger butiken varannan vecka? Eller om jag går på söndagens morgongudstjänst och min fru är i butiken och min fru går på kvällsgudstjänsten medan jag är i butiken?" Men den Helige Andes vilja skulle hjälpa honom att lyda Guds Ord genom att ge honom insikten, "Om jag helgar Herrens dag kommer Gud att ge mig mer vinst än om jag hade öppet på söndagarna."

Den Helige Ande hjälper oss i vår svaghet och ber för oss med suckar utan ord (Romarbrevet 8:26). När vi handlar i enlighet med sanningen, med denna hjälp från den Helige Ande, kommer vi att känna frid i våra hjärtan och vår tro kommer att växa mer och mer för varje dag.

Guds Ord som står i Bibeln är sanningen som aldrig förändras; det är godheten själv. Det ger evigt liv till Guds barn och det är ljuset som leder dem till att få njuta av evig lycka och glädje. Guds barn, som leds av den Helige Ande, ska korsfästa sitt kött med alla dess begär och lusta. De ska också söka det som är den Helige Andes vilja i enlighet med Guds Ord och inte tröttna på att göra gott.

Matteus 12:35 säger, *"En god människa tar ur sitt goda förråd fram det som är gott, och en ond människa tar ur sitt onda förråd fram det som är ont."* Därför måste vi göra oss av med ondskan från våra hjärtan genom att be ivrigt och fortsätta att samla på oss goda handlingar.

Och Galaterbrevet 5:13-15 säger, *"Ni är kallade till frihet, bröder. Använd bara inte friheten så att den onda naturen får något tillfälle, utan tjäna varandra i kärlek. Ty hela lagen är uppfylld i detta enda budord: 'Du skall älska din nästa som dig själv.' Men om ni biter och sliter i varandra, se då till att ni inte blir uppslukade av varandra."* och Galaterbrevet 6:1-2 säger, *"Bröder, om ni kommer på någon med att begå en överträdelse, då skall ni som är andliga människor i mildhet upprätta en* sådan. *Men se till att inte du också blir frestad. Bär varandras bördor, så uppfyller ni Kristi lag.*"

När vi följer sådana Ord från Gud som ovan, kan vi bära Andens frukt i överflöd och bli andliga människor och en människa med hel ande. Då kommer vi kunna ta emot allt vi ber om i våra böner och komma in i Nya Jerusalem, i det eviga himmelriket.

*Sådant är lagen inte emot*

1 Johannes brev 4:7-8

*"Mina älskade, låt oss älska varandra, ty kärleken är av Gud, och var och en som älskar är född av Gud och känner Gud. Den som inte älskar har inte lärt känna Gud, ty Gud är kärlek."*

*Kapitel 2*

# Kärlek

Den högsta nivån av andlig kärlek
Köttslig kärlek förändras med tiden
Andlig kärlek offrar sitt eget liv
Sann kärlek gentemot Gud
För att kunna bära frukten kärlek

Kärlek

Kärlek är mycket mäktigare än vad någon kan föreställa sig. Med kärlekens kraft, kan vi frälsa dem som annars är övergivna av Gud och på väg mot döden. Kärlek kan ge dem ny styrka och uppmuntran. Om vi överskyler människors brister med kraften i kärleken, kommer mäktiga förändringar att ske och stora välsignelser kommer att ges, eftersom Guds gärningar sker där godhet, kärlek, sanning och rättvisa finns.

Ett forskarlag inom sociologi studerade 200 studenter som levde i fattigdom i omgivningarna kring Baltimore. De kom fram till att dessa studenter hade väldigt små möjligheter och små hopp om att nå framgång. Men 25 år senare gjorde de en uppföljning på samma studenter och resultatet var häpnadsväckande. 176 av 200 hade nått stora sociala framgångar och var nu advokater, läkare, predikanter och företagare. Forskarna frågade dem givetvis hur de hade lyckats övervinna dessa stora utmaningar som fanns i deras sociala miljö som de hade befunnit sig i, och alla uppgav namnet på en specifik lärare. Denna lärare fick frågan hur han hade kunnat åstadkomma en sådan mäktig förändring och han svarade, "Jag bara älskade dem, och de kunde känna kärleken."

Vad är då kärlek, den första av de nio frukterna från den Helige Ande?

## Den högsta nivån av andlig kärlek

Allmän sett kan kärlek delas in i köttslig kärlek och andlig kärlek. Köttslig kärlek söker det som är bäst för en själv. Det är en meningslös kärlek som kommer att förändras allt eftersom tiden går. Andlig kärlek däremot söker andras bästa och förändras aldrig, oavsett vad den stöter på. 1 Korinterbrevet 13 förklarar denna andliga kärlek detaljerat.

*"Kärleken är tålig och mild, kärleken avundas inte, den skryter inte, den är inte uppblåst, den uppför sig inte illa, den söker inte sitt, den brusar inte upp, den tillräknar inte det onda. Den gläder sig inte över orättfärdigheten men har sin glädje i sanningen. Den fördrar allting, den tror allting, den hoppas allting, den uthärdar allting"* (v. 4-7).

Är det någon skillnad mellan frukten kärlek som nämns i Galaterbrevet 5 och den andliga kärleken från 1 Korinterbrevet 13? Kärleken som den Helige Andes frukt innefattar en utgivande kärlek där man är redo att ge sitt eget liv. Det är en nivå högre än kärleken i 1 Korinterbrevet 13. Frukten kärlek är den högsta nivån av andlig kärlek.

Om vi bär frukten kärlek och kan ge våra liv för andra, då kan vi älska allt och alla. Gud älskade oss med allt och Herren älskade oss med hela sitt liv. Om vi har denna kärlek inom oss, kan vi offra våra liv till Gud, för Hans rike och Hans rättfärdighet. Och eftersom vi älskar Gud kan vi också nå den högsta nivån av kärlek där vi ger våra liv, inte bara för andra syskon utan även för fiender som hatar oss.

1 Johannes brev 4:20-21 säger, *"Om någon säger att han älskar Gud och hatar sin broder, så är han en lögnare. Ty den som inte älskar sin broder som han har sett, kan inte älska Gud*

*som han inte har sett. Och detta är det bud som vi har från honom, att den som älskar Gud också skall älska sin broder."* Om vi därför älskar Gud, kommer vi att älska alla. Om vi säger att vi älskar Gud och samtidigt hatar någon, är det en lögn att vi älskar Gud.

## Köttslig kärlek förändras med tiden

När Gud skapade den första människan, Adam, älskade Han honom med en andlig kärlek. Han skapade en underbar lustgård österut, i Eden, och lät honom bo där och inte sakna någonting. Gud själv vandrade med honom. Gud gav honom inte bara Edens lustgård, som var en omåttligt härlig plats, utan också makten att lägga jorden under sig och styra över den.

Gud gav Adam andlig kärlek på ett överflödande sätt. Men Adam kunde inte riktigt uppleva Guds kärlek. Han hade aldrig upplevt hat eller köttslig kärlek som förändras så han insåg inte hur dyrbar Guds kärlek är. Efter att en lång, lång tid hade gått blev Adam frestad genom ormen och var olydig mot Guds Ord. Han åt frukten som Gud hade förbjudit honom att äta av (1 Mosebok 2:17, 3:1-6).

Det ledde till att synd kom in i Adams hjärta och han blev en köttslig människa som inte längre kunde kommunicera med Gud. Gud kunde inte låta honom bo kvar i Edens lustgård längre och han drevs ut till denna jord. Medan de genomgick den mänskliga kultiveringen (1 Mosebok 3:23) fick alla människor som var Adams efterkommande, uppleva relativiteten genom det som är motsatsen till kärleken som fanns i Eden, nämligen hat, avundsjuka, smärtor, sorg, sjukdom och skador. De kom längre och längre bort ifrån den andliga kärleken. När deras hjärtan korrumperades och blev köttsliga på grund av synder blev deras kärlek en köttslig kärlek.

Så lång tid har gått sedan Adams fall, och idag är det till och med svårt att finna andlig kärlek i denna värld. Människor uttrycker sin kärlek på olika sätt, men deras kärlek är bara en köttslig kärlek som förändras med tiden. När tiden går och situationen eller villkoren förändras, ändrar de sig och bedrar sina kära och gör det som passar dem själva. De ger inte till andra förrän någon ger först eller när de ser någon fördel med att ge. Om du vill få tillbaka allt som du har gett, eller om du blir besviken på andra som inte ger dig något tillbaka av sådant du förväntar dig, är det också köttslig kärlek.

När en man och en kvinna håller på att lära känna varandra kanske de säger "vi kommer att älska varandra för alltid" och "jag kan inte leva utan dig." Men ofta ändrar de sig efter att de har gift sig. När tiden går börjar de se något som de inte gillar med sin maka eller make. Tidigare hade allt verkat så bra och de försökte behaga den andra i allt, men nu gör de inte så längre. De gör livet surt för den andra. De kanske blir upprörda för något som deras maka eller make inte gör som de vill. För några decennier sedan var skilsmässa något ovanligt, men nu är det så lätt att skilja sig och strax efter skilsmässan verkar många gifta om sig igen. Och ändå hävdar de att de verkligen älskar den andra. Detta är typisk köttslig kärlek.

Kärlek mellan föräldrar och barn är inte så annorlunda detta. Det finns givetvis föräldrar som skulle kunna ge sina liv för sina barn, men även om de gör det är det inte andlig kärlek om de bara ger en sådan kärlek till sina egna barn. Om vi har andlig kärlek, kan vi ge sådan kärlek inte bara till våra egna barn, utan till alla människor. Men i det att världen blir ondare och ondare är det ovanligt att se föräldrar som offrar sina liv för sina egna barn. Många föräldrar och barn lever i fiendskap på grund av ekonomiska skäl eller på grund av att man inte håller med varandra.

Hur är det med kärleken mellan syskon och vänner? Många bröder kan bli ovänner om de involverar sig i sådant som har med pengar att göra. Samma sak händer ofta mellan vänner. De älskar varandra när allt går bra och när de är överens om något. Men deras kärlek kan förändras när som helst om något händer. De flesta människor vill också ha tillbaka lika mycket som de har gett. När de är passionerade över något kanske de kan ge utan att vilja ha något tillbaka. Men när passionen svalnar, ångrar de att de gav utan att få något tillbaka. Det betyder, trots allt, att de ville ha något tillbaka. Detta är köttslig kärlek.

## Andlig kärlek offrar sitt eget liv

Det berör en när man ser någon ge sitt liv för någon han älskar. Men om vi vet att vi kommer att behöva ge vårt liv för någon annan blir det svårare för oss att älska den personen. På det här sättet är människans kärlek begränsad.

Det var en gång en kung som hade en son han älskade så mycket. I hans rike fanns det en notorisk mördare som hade dömts till döden. Det enda sättet för den dömde att få leva var att en oskyldig dog i hans plats. Skulle kungen kunna ge upp sin oskyldige son för att dö för mördaren? Något sådant har aldrig någonsin hänt i mänsklighetens historia. Men Gud Skaparen, som inte ens kan jämföras med någon jordisk kung, gav sin enfödde Son för oss. Så mycket älskar Han oss (Romarbrevet 5:8).

På grund av Adams synd var hela mänskligheten tvungen att gå dödens väg eftersom det är syndens lön. För att frälsa mänskligheten och leda dem till Himlen, måste problemet med synd först lösas. För att kunna lösa detta syndaproblem som stod emellan Gud och mänskligheten sände Gud sin enfödde Son Jesus för att betala priset för deras synder.

Galaterbrevet 3:13 säger, *"Förbannad är var och en som är upphängd på trä."* Jesus hängdes upp på ett träkors för att göra oss fria från lagens förbannelse som säger att *"Syndens lön är döden"* (Romarbrevet 6:23). Och eftersom ingen förlåtelse ges utan att blod utgjuts (Hebreerbrevet 9:22), utgöt Han allt sitt vatten och blod. Jesus tog allt straff i vårt ställe, och den som tror på Honom kan bli förlåten sina synder och få evigt liv.

Gud visste att syndare skulle förfölja och håna och slutligen korsfästa Jesus, som är Guds Son. Men för att frälsa den syndfulla mänskliga rasen som var bestämd till att falla in i evig död, sände Gud Jesus till denna jord.

1 Johannes brev 4:9-10 säger, *"Så uppenbarades Guds kärlek till oss: han sände sin enfödde Son till världen för att vi skulle leva genom honom. Kärleken består inte i att vi har älskat Gud utan i att han har älskat oss och sänt sin Son till försoning för våra synder."*

Gud bekräftade sin kärlek till oss genom att ge sin enfödde

Son Jesus till att hängas upp på korset. Jesus visade sin kärlek genom att offra sig själv på korset för att försona mänskligheten från deras synder. Denna kärlek från Gud, som visas genom att Han ger sin Son, är för evigt den oföränderliga kärlek som ger hela sitt liv, ända till sista blodsdroppen.

## Sann kärlek gentemot Gud

Kan vi också ha en sådan kärlek? 1 Johannes brev 4:7-8 säger, *"Mina älskade, låt oss älska varandra, ty kärleken är av Gud, och var och en som älskar är född av Gud och känner Gud. Den som inte älskar har inte lärt känna Gud, ty Gud är kärlek."*

Om det inte bara är huvudkunskap vi har om den slags kärlek som Gud har gett oss, utan vi har en kunskap som finns djupt ner i våra hjärtan, kommer det att vara helt naturligt att troget älska Gud. I våra kristna liv kan vi få möta prövningar som är svåra att bära, eller så kanske vi hamnar i en situation där vi förlorar allt vi äger och sådant som är dyrbart för oss. Inte ens i sådana situationer kommer våra hjärtan att skakas så länge vi har sann kärlek inom oss.

En gång förlorade jag nästan alla mina tre dyrbara döttrar. För mer än 30 år sedan använde de flesta i Korea kolbriketter till uppvärmning av husen. Kolmonoxiden som bildades från kolet orsakade ofta olyckor. Det här skedde strax efter att församlingen startades och jag bodde i kyrkobyggnadens källare. Mina tre döttrar och en ung man blev kolmonoxidförgiftade av gasen som de hade inandats hela natten och det verkade som om allt hopp om tillfrisknande var ute.

När jag såg mina döttrar medvetslösa kände jag ingen sorg eller klagan. Jag var bara tacksam att de i frid fick komma till den vackra Himlen där det inte finns några tårar, sorg eller smärta. Men eftersom den unge mannen bara var en församlingsmedlem bad jag Gud om att uppväcka honom så att det inte skulle dra skam över Gud. Jag lade mina händer på den unge mannen och bad för honom. Sedan bad jag för min yngsta dotter. Medan jag bad för henne vaknade den unge mannen upp från sin medvetslöshet. Medan jag bad för den andra dottern vaknade den yngsta upp. Efter ett tag vaknade även min andra och första dotter upp från medvetslösheten. De fick inga komplikationer efter detta och än i dag är de friska. Alla tre tjänar som pastorer i församlingen idag.

Om vi älskar Gud kommer vår kärlek aldrig att förändras, oavsett vilka situationer vi möter. Vi har redan tagit emot Hans kärlek i offret av Hans enfödde Son, och därför har vi ingen orsak att förakta Honom eller tvivla på Hans kärlek. Allt vi kan göra är att bara älska Honom med ett oföränderligt hjärta, lita på Honom helt och fullt och vara trogna Honom med hela vårt liv.

Denna attityd kommer inte heller att förändras när vi tar hand om andra själar. 1 Johannes brev 3:16 säger, *"Genom att han gav sitt liv för oss har vi lärt känna kärleken. Så är också vi skyldiga att ge vårt liv för våra bröder."* Om vi kultiverar sann kärlek gentemot Gud, kommer vi att älska våra bröder med sann kärlek. Det innebär att vi inte har någon som helst längtan efter att söka vårt eget bästa, och därför kommer vi kunna ge allt vi har utan att begära något i retur. Vi kommer att offra oss själva med rena motiv och ge ut alla våra ägodelar till andra.

Jag har gått igenom ett antal prövningar på min väg i tron fram tills idag. Människor som har fått så mycket från mig har övergett mig, ja till och med sådana som jag behandlade som min egen familj. Ibland missförstod man mig och pekade finger åt mig.

Trots det har jag alltid bara behandlat dem med godhet. Jag överlämnade allt i Guds händer och bad att Han skulle förlåta dem med sin kärlek och sitt medlidande. Jag hatade dem inte ens när de orsakade stora problem för församlingen och lämnade den. Jag ville bara att de skulle omvända sig och komma tillbaka. När dessa människor gjorde många onda ting, orsakade det intensiva prövningar för mig. Men trots det behandlade jag dem bara med godhet eftersom jag hade tro på att Gud älskade mig, och eftersom jag älskade dem med kärleken från Gud.

## För att kunna bära frukten kärlek

Frukten kärlek går att ha i fullt mått beroende på hur mycket vi helgar våra hjärtan genom att göra oss av med synder, ondska och laglöshet från våra hjärtan. Sann kärlek kommer från ett hjärta som inte har någon ondska. Om vi har sann kärlek, kan vi ge frid till andra hela tiden och kommer inte vara orsak till någons problem eller bördor. Vi kommer också att kunna förstå andras hjärtan och tjäna dem. Vi kommer att kunna ge dem glädje och hjälpa deras själar att ha framgång, så att Guds rike utbreder sig.

I Bibeln kan vi se att trons fäder hade kultiverat den kärleken. Mose älskade sitt folk Israel så mycket att han ville rädda dem, även om det innebar att hans eget namn skulle strykas ut ur livets bok (2 Mosebok 32:32).

Aposteln Paulus älskade också Herren med ett oföränderligt sinne från den stunden han mötte Honom. Han blev hedningarnas apostel och frälste många själar och grundade församlingar genom sina tre missionsresor. Trots att hans väg var påfrestande och fylld av faror predikade han om Jesus Kristus ända tills han led martyrdöden i Rom.

Från judarna kom det ständigt dödshot och förföljelse och störningsmoment. Han blev misshandlad och kastad i fängelse. Han led skeppsbrott och låg i havet i ett dygn. Men trots det ångrade han aldrig sitt vägval. I stället för att bry sig om sig själv, tänkte han på församlingen och de troende även när han gick igenom de många svårigheterna.

Han uttryckte sina känslor i 2 Korinterbrevet 11:28-29 där det står, *"Förutom detta har jag den dagliga uppgiften, omsorgen om alla församlingarna. Vem är svag utan att jag är svag? Vem kommer på fall utan att jag blir upptänd av iver?"*

Aposteln Paulus höll inte tillbaka någonting eftersom han hade en brinnande kärlek för själarna. Hans stora kärlek uttrycks väl i Romarbrevet 9:3. Det står, *"Jag skulle önska att jag själv vore fördömd och skild från Kristus i mina bröders ställe – mina landsmän efter härstamning."* "Landsmän" betyder inte familjemedlemmar eller släktingar. Det betyder alla judarna, inklusive de som förföljde honom.

Han skulle hellre vilja hamna i helvetet, och ta deras plats, om det kunde rädda dem. Det var den slags kärlek han hade. Och som det står skrivet i Johannes 15:13, *"Ingen har större kärlek än att han ger sitt liv för sina vänner"* visade aposteln Paulus sin högsta nivå av kärlek genom att blir martyr.

Det finns de som säger att de älskar Herren, men de älskar inte sina bröder i tron. Dessa bröder är inte ens deras fiender, inte heller hotar de dem till livet. Men de har konflikter med dem och känner sig illa till mods över dem för bara några småsaker. Även i arbetet för Gud har de en negativ inställning mot dem som tycker annorlunda än de själva. En del är okänsliga mot de vars ande är svag och bräcklig. Kan vi då säga att sådana människor älskar Gud?

En gång sa jag inför hela församlingen, "Om jag genom att ta deras plats i helvetet skulle kunna frälsa ett tusen själar, skulle jag vara villig att hamna där." Jag känner givetvis till vilken slags plats helvetet är, ja, jag vet det mycket väl. Jag vill inte göra något som kan få mig att hamna i helvetet. Men om jag kan frälsa dessa själar som är på väg till helvetet, skulle jag vara villig att ta deras plats.

Dessa ett tusen själar skulle kunna innefatta några av våra församlingsmedlemmar. Det skulle kunna vara ledare eller medlemmar som inte har valt sanningen utan är på väg på dödens väg även fast de har hört sanningens ord och sett Guds kraftfulla gärningar. Det skulle också kunna vara de som förföljer vår församling på grund av missförstånd och svartsjuka. Eller det skulle kunna vara några fattiga själar i Afrika som svälter på grund av inbördeskrig, hungersnöd och fattigdom.

Precis som Jesus dog för mig, kan jag ge mitt liv för dem också. Det är inte så att jag älskar dem för att jag måste det, alltså för att Guds Ord säger att vi måste älska. Jag ger mitt liv och min energi varje dag för att frälsa dem, eftersom jag älskar dem mer än mitt eget liv och inte bara med mina ord. Jag ger hela mitt liv eftersom jag vet att det är det som min Fader Gud, som älskar mig så mycket, längtar efter mest av allt.

Mitt hjärta är fullt av tankar som, "Hur kan jag predika evangeliet på fler platser?", "Hur kan jag manifestera Guds kraftgärningar så att fler kan komma till tro?", "Hur kan jag få dem att förstå meningslösheten i denna värld och leda dem till att ta ett fast tag om himmelriket?"

Låt oss rannsaka oss själva och se hur mycket av Guds kärlek som finns ingraverad i oss. Det är den kärleken med vilken Han gav sin enfödde Sons liv. Om vi är fulla av Hans kärlek, kommer vi att kunna älska Gud och själarna med hela vårt hjärta. Detta är sann kärlek. Och om vi kultiverar denna kärlek till fullo, kommer vi att kunna komma in i Nya Jerusalem, som är kärlekens kristall. Jag hoppas att ni alla kommer att dela evig kärlek med Gud Fadern och Herren där.

**Filipperbrevet 4:4**

*"Gläd er alltid i Herren.*

*Än en gång vill jag säga: Gläd er."*

*Sådant är lagen inte emot*

*Kapitel 3*

# Glädje

Frukten glädje
Orsaken till att glädjen i den första kärleken försvinner
När andlig glädje föds
Om du vill bära frukten glädje
Klagan även efter att man har burit frukten glädje
Var positiv och följ godheten i alla situationer

Glädje

Skratt lindrar stress, vrede och spänningar och hjälper på så sätt att förebygga hjärtinfarkt och plötslig död. Det stärker också kroppens immunförsvar, eftersom det har en positiv inverkan i att förebygga infektioner som influensa och till och med sjukdomar som cancer och livsstilssjukdomar. Skrattet har sannerligen mycket positiva effekter på vår hälsa och Gud uppmanar oss också att alltid glädja oss. En del kanske invänder, "Hur skulle jag kunna glädja mig, när det inte finns något att glädja sig över?" Men människor som lever i tro kan alltid glädja sig i Herren, eftersom de tror att Gud kommer att hjälpa dem ur alla svårigheter, och att de så småningom kommer ledas till himmelriket där det finns evig glädje.

## Frukten glädje

Glädje är en "intensiv och särskilt extatisk eller jublande lycka." Andlig glädje är dock inte bara att vara väldigt glad. Till och med otroende är glada när något är bra, men den glädjen är bara temporär. Deras glädje försvinner när det blir svårt igen. Men om vi bär frukten glädje i våra hjärtan kommer vi att kunna fröjda oss och vara glada i alla situationer.

1 Tessalonikerbrevet 5:16-18 säger, *"Var alltid glada, be oavbrutet och tacka Gud under alla livets förhållanden. Detta är Guds vilja med er i Kristus Jesus."* Andlig glädje är att alltid vara glad och tacka Gud under alla livets förhållanden. Glädje är en av de tydligaste och starkaste frukterna med vilken vi kan mäta och kontrollera hur det kristna livet vi lever är.

Somliga troende vandrar på Herrens väg med glädje och lycka

hela tiden medan andra inte riktigt har sann glädje eller tacksamhet i sina hjärtan, trots att de kanske kämpar hårt i tron. De går på mötena, ber och fullgör sina uppdrag i församlingen, men de gör allt detta som om det var ett måste eller något de är skyldiga att utföra. Och när de stöter på något problem, förlorar de en del av sin frid och deras hjärtan blir oroliga.

Det är när du får ett problem som du inte kan lösa med din egen styrka som du kan kontrollera om du verkligen fröjdar dig från djupet av ditt hjärta eller inte. Om du befinner dig i en sådan situation, varför tar du inte och tittar dig i spegeln? Det kan också bli ett mått på hur mycket du bär frukten glädje. Faktum är att bara nåden från Jesus Kristus som frälste oss genom sitt blod, är mer än tillräckligt för att få oss att vara glada hela tiden. Vi var bestämda till att hamna i helvetets eviga eld, men genom Jesu Kristi blod har vi fått tillgång till himmelriket som är fyllt av lycka och frid. Enbart detta faktum kan ge oss glädje mer än ord kan beskriva.

Hur glada var inte Israels barn efter att de i Uttåget hade gått genom Röda havet på torr mark och blivit räddade från den egyptiska armén som jagade dem? Fyllda med glädje dansade kvinnorna med tamburiner och hela folket prisade Gud (2 Mosebok 15:19-20).

På samma sätt får den som accepterar Herren en outsäglig glädje över att vara frälst, och det gör att man kan sjunga lovsång från sina läppar även när man är trött efter en hård arbetsdag. Även om man blir förföljd för Herrens namns skull eller lider av svårigheter utan orsak, fortsätter man att vara lycklig och tänka på himmelriket. Om denna glädje finns där hela tiden och bevaras, kommer man snart att bära frukten glädje helt och hållet.

## Orsaken till att glädjen
## i den första kärleken försvinner

I verkligheten är det dock inte så många som bevarar glädjen i den första kärleken. Ett tag efter att man har accepterat Herren, försvinner glädjen och den känsla man hade för nåden i frälsningen är inte längre densamma. Tidigare var man glad även i svåra tider för att man tänkte på Herren, men senare börjar man ge efter för suckan och klagan när något blir för svårt. Det är precis som det var för Israels barn som så snabbt glömde bort glädjen efter att ha gått igenom Röda havet, och de började klaga mot Gud och stod emot Mose så fort de mötte en liten svårighet.

Varför förändras man så här? Det är för att man har kött i sitt hjärta. Köttet här har en andlig innebörd. Det handlar om naturen eller karaktären som är motsatsen till anden. "Ande" är något som tillhör Gud Skaparen, som är underbart och oföränderligt, medan "kött" är karaktärsdragen på det som är skilt från Gud. Det är sådant som är förgängligt, korrumperat och föränderligt. Därför är sådant som laglöshet, orättfärdighet och osanning kött. De som har sådana köttsliga karaktärsdrag kommer att förlora sin glädje när deras hjärtan blir fyllda med sådant. Och eftersom de har en föränderlig natur kommer fienden djävulen och Satan försöka skapa situationer som är jobbiga, genom att reta upp den föränderliga naturen.

Aposteln Paulus hade misshandlats och kastats i fängelse för att han predikade evangeliet. Men när han bad och prisade Gud utan att oroa sig över något, kom en stor jordbävning och fängelsedörrarna öppnades. Genom denna händelse fick han möjlighet att evangelisera för många otroende. Trots svårigheter förlorade han aldrig sin glädje, och han rådde de troende, *"Gläd er alltid i Herren. Än en gång vill jag säga: gläd er. Låt alla människor se hur vänliga ni är. Herren är nära. Gör er inga bekymmer för något utan låt Gud i allt få veta era önskningar genom åkallan och bön med tacksägelse"* (Filipperbrevet 4:4-6).

Om du befinner dig i en livsfarlig situation, om du hängde vid ett stup, varför offrar du inte tacksägelseböner som apostelen Paulus? Gud kommer att ha behag till dina handlingar i tro och låta allt samverka till det bästa.

## När andlig glädje föds

David stred på stridsfältet för sitt land redan i sin ungdom. Han deltog i många olika krig. När kung Saul led av onda andar, spelade han harpa för att ge kungen frid. Han våldförde sig aldrig på sin kungs order. Trots det var kung Saul inte tacksam för allt David gjorde, utan hatade i stället honom eftersom han var avundsjuk. Eftersom David var älskad av folket var Saul rädd att hans tron skulle tas med våld, och han förföljde David med sin armé för att döda honom.

David var naturligtvis tvungen att fly ifrån Saul. En gång i ett främmande land, var han tvungen att spela galen för att rädda sitt liv. Hur skulle du känna det, om du var i hans skor? David blev aldrig ledsen över detta utan fortsatte att glädja sig. Han bekände sin tro på Gud med en underbar psalm.

*"HERREN är min herde, mig skall intet fattas.*

*Han låter mig vila på gröna ängar,*
*Han för mig till vatten där jag finner ro.*
*Han vederkvicker min själ,*
*Han leder mig på rätta vägar*
*För sitt namn skull.*
*Om jag än vandrar i dödsskuggans dal,*
*Fruktar jag intet ont, ty du är med mig.*
*Din käpp och stav, de tröstar mig.*
*Du dukar för mig ett bord*
*I mina ovänners åsyn.*
*Du smörjer mitt huvud med olja och min bägare flödar över.*
*Idel godhet och nåd skall följa mig*
*I alla mina livsdagar,*
*Och jag skall bo i HERRENS hus evinnerligen"*
(Psaltaren 23:1-6).

Verkligheten var som en väg av törnen, men David hade något stort inom sig. Det var hans brinnande kärlek till Gud och hans oföränderliga förtröstan på Honom. Ingenting kunde stjäla den glädjen som flödade ut från djupet av hans hjärta. David var sannerligen en person som bar frukten glädje.

För ungefär 41 år sedan accepterade jag Herren och jag har aldrig förlorat min första kärlek. Jag lever fortfarande varje dag med tacksamhet. Jag led av så många sjukdomar under sju år, men Guds kraft botade alla dessa sjukdomar på en och samma gång. Direkt blev jag en kristen och började arbeta på en byggarbetsplats. Jag fick möjlighet att få ett bättre jobb, men jag valde det tunga arbetet eftersom det var det enda sättet jag kunde helga Herrens dag på.

Varje morgon brukade jag gå upp klockan fyra och gick på bönegudstjänsten i gryningen. Sedan gick jag till arbetet med medhavd lunch. Det tog ungefär en och en halv timme med buss att ta sig till arbetsplatsen. Jag arbetade från morgon till kväll utan att få ordentligt med vila. Det var verkligen ett hårt arbete. Jag hade aldrig haft ett fysiskt krävande arbete tidigare och till råga på allt hade jag varit sjuk i många år, så det var inte ett lätt för mig.

Jag kunde komma hem från arbetet omkring klockan 22 på kvällen. Jag tvättade mig hastigt, åt middag, läste Bibeln och bad innan jag gick till sängs runt midnatt. Min fru arbetade som dörrförsäljare men det var svårt för oss att ens betala räntan på den skuld vi hade dragit på oss under den tid jag hade varit sjuk. Vi kunde bokstavligen knappt få ihop tillräckligt för varje dag. Trots att jag hade enorma ekonomiska svårigheter var mitt hjärta alltid fyllt med glädje och jag predikade evangeliet så fort jag fick möjlighet.

Jag kunde säga, "Gud lever! Se på mig! Jag var på väg mot döden, men jag blev fullständigt botad genom Guds kraft och nu är jag så här frisk!"

Verkligheten var svår och ekonomiskt krävande, men jag var alltid tacksam för Guds kärlek som hade räddat mig från döden. Mitt hjärta blev också fyllt med hopp om himlen. Efter att jag tagit emot kallelsen från Gud att bli pastor, fick jag möta mycket orättvist motstånd och sådant som en människa knappt kan bära, och ändå svalnade inte min glädje och tacksamhet.

Hur var det möjligt? Det var för att tacksamhet i hjärtat föder mer tacksamhet. Jag letar alltid efter något att vara tacksam för och offrar böner av tacksamhet till Gud. Och inte bara tacksamhetsböner, jag njuter av att ge Gud tackoffer. I tillägg till de tacksamhetsoffer jag offrade till Gud i varje möte, offrade jag tackoffer till Gud för annat. Jag tackade för församlingsmedlemmarna som växte i tro; för att Han lät mig ge äran till Gud genom megastora kampanjer utomlands; för att Han lät kyrkan växa, osv. Jag njuter av leta orsaker att vara tacksamhet för.

Därför gav Gud mig välsignelser och nåd utan uppehåll så att jag skulle fortsätta att tacka Honom. Om jag bara hade tackat Gud när allt var bra och inte tackat utan klagat när saker inte längre var så bra, skulle jag inte ha haft den glädjen jag har idag.

## Om du vill bära frukten glädje

**Då ska du först göra dig av med köttet.**

Om man inte har någon svartsjuka eller avundsjuka, kommer man att vara glad när andra blir uppskattade eller välsignade som om det var en själv som blev uppskattad och välsignad. Och efter hur mycket svartsjuka och avundsjuka man har kommer man att tycka det är jobbigt när andra får det väl ställt. Och ju mer andra blir uppskattade desto mer tycker man illa om dem, förlorar glädjen och blir modfälld eftersom man känner sig mindervärdig.

Och om man inte har vrede eller förakt, kommer man ändå att ha frid även om man blir hotad, förnedrad eller sårad. Man blir föraktfull och besviken eftersom man har kött i sig. Det är köttet som är den börda som gör att man känner sig tung i hjärtat. Om man har den köttsliga naturen att vilja söka sitt eget bästa, kommer man att må dåligt och tycka att det är jobbigt när det verkar som om man själv förlorar mycket jämfört med andra.

Eftersom vi har köttsliga karaktärsdrag i oss uppeggar fienden djävulen och Satan denna köttsliga natur för att skapa situationer där vi inte kan känna oss glada. Efter hur mycket vi har kött, kan vi inte ha andlig tro, och vi kommer få mer och mer oro och bekymmer när vi inte kan förlita oss på Gud. Men de som förlitar sig på Gud kan glädja sig även om de inte har någon mat på bordet. Det beror på att Gud har lovat oss att Han ska ge oss allt vad vi behöver när vi först söker Hans rike och rättfärdighet (Matteus 6:31-33).

De som har sann tro kommer att överlämna allt i Guds händer genom tacksägelsebön i alla slags svårigheter. De kommer att söka Guds rike och rättfärdighet med ett fridfullt hjärta och sedan be om det som de behöver. Men de som inte förlitar sig på Gud utan på sina egna tankar och planer kan inte annat än att bli rastlösa. De som leder företag kan bara ha framgång och ta emot välsignelser om de hör den Helige Andes röst tydligt och följer det. Men så länge de har girighet, otålighet och osanna tankar, kan de inte höra den Helige Andes röst och de kommer att möta svårigheter. För att summera det hela, den grundläggande orsaken till att vi förlorar glädjen är de köttsliga karaktärsdragen som vi har i våra hjärtan. Vi kommer att ha mer andlig glädje och tacksamhet, och allt kommer att gå väl med oss efter hur mycket vi gör oss av med kött från våra hjärtan.

### För det andra måste vi följa den Helige Andes vilja i allt.

Den glädje vi söker är inte världslig glädje utan den glädjen som kommer från ovan, den Helige Andes glädje. Vi kan bara vara glada och lyckliga när den Helige Ande som bor i oss gläder sig.

Sann glädje kommer framför allt när vi tillber Gud med vårt hjärta, när ber till Honom, prisar Honom och håller Hans Ord.

Om vi också inser våra brister genom den Helige Andes inspiration och förbättrar oss, så glada vi kommer att vara då! När vi märker att vårt nya "jag är annorlunda än det "jaget" vi var förut kommer vi bli gladare och fyllda med tacksamhet till Gud. Glädjen som ges av Gud kan inte jämföras med någon glädje i världen, och ingen kan ta den ifrån oss.

Genom de val vi gör i vårt vardagsliv, följer vi antingen den Helige Andes vilja eller köttets begär. Om vi följer den Helige Ande i varje stund, kommer den Helige Ande att glädja sig inom oss och fylla oss med glädje. 3 Johannes brev 1:4 säger, *"Och detta skriver vi för att vår glädje skall vara fullkomlig."* Som sagt, Gud gläder sig och ger oss glädje i den Helige Andes fullhet när vi handlar efter sanningen.

Om till exempel vår önskan att söka vårt eget bästa och önskan att söka andras bästa kolliderar, och om denna konflikt fortsätter, kommer vi att förlora glädjen. Om vi ändå väljer det som är bäst för oss själva, verkar det till en början som att vi får det vi vill, men i själva verket går vi miste om den andliga kärleken. I stället kommer vi känna stygn i hjärtat eller ha dåligt samvete. Om vi i stället väljer den andras bästa kan det verka som om vi för ett tag får lida förlust, men i stället kommer vi att få glädje från ovan eftersom den Helige Ande gläder sig. Bara de som någon gång har upplevt den glädjen förstår hur underbar den är. Det är en sådan lycka som ingen i världen kan förstå eller ge.

Här är en berättelse om två bröder. Den äldre tar inte undan efter sig när han har ätit. Därför måste den yngre alltid städa upp efter måltiderna, och han är inte glad över det. En dag när den äldre har ätit färdigt och är på väg att lämna bordet, säger den yngre, "Du måste diska din egen disk." Brodern svarar utan att tveka, "Du kan diska den", och går till sitt eget rum. Den yngre gillar inte situationen men hans bror har redan gått iväg.

Den yngre vet att hans bror inte är van vid att diska sin egen disk. Därför kan den yngre betjäna den äldre med glädje genom att diska hela disken själv. Då kanske du tycker att det är fel att den yngre alltid måste diska medan den äldre inte ens försöker göra något åt problemet. Men om vi handlar i godhet, är Gud den som kommer med förändringen. Gud kommer att förändra den äldre broderns hjärta så att han tänker, "Jag är ledsen för att jag tvingade min bror att diska hela tiden. Från och med nu ska jag diska både hans och min egen disk."

Om vi som i illustrationen följer köttets begär bara för att det för tillfället ger lite fördelar, kommer vi alltid må sämre och känna för att bråka. Men om vi tjänar andra från hjärtat kommer vi alltid vara glada eftersom vi då följer den Helige Andes vilja.

Samma princip är tillämpbar i alla situationer. Du har kanske dömt andra efter din egen standard, men om du ändrar ditt hjärta och förstår andra utifrån godhet, kommer du att ha frid. Hur går det då när du möter någon som är väldigt annorlunda dig eller någon som har helt andra åsikter än du? Försöker du undvika honom eller hälsar du varmt på honom med ett leende? För otroende kanske det är lättare att bara undvika en sådan och ignorera den som de inte tycker om än att försöka vara trevlig mot dem.

Men de som följer den Helige Andes vilja kommer le mot

sådana människor med ett hjärta inställt på att tjäna. När vi dagligen dör bort från oss själva med inställningen att skänka andra frid (1 Korinterbrevet 15:31), kommer vi att få uppleva sann tro och glädje från ovan. Vi kommer faktiskt hela tiden få uppleva frid och glädje, om vi inte ens har någon känsla av att inte tycka om någon eller tycker att någon annans personlighet inte passar vår.

Om du skulle få ett telefonsamtal från en församlingsledare som vill att du ska följa med honom till en församlingsmedlem som missade söndagens möte, eller om du får en förfrågan om att predika evangeliet för någon precis på den dagen du skulle vara ledig, hur skulle du göra då? Du vet att du hade tänkt vila just den dagen, men samtidigt hör du en röst i ditt sinne att du ska göra Guds verk. Det är upp till dig med din fria vilja att välja, men att sova mycket och att låta din kropp känna sig bekväm ger dig nödvändigtvis inte någon glädje.

Du kan uppleva den Helige Andes fullhet och glädje när du ger din tid och dina ägodelar i Guds tjänst. När du följer det som den Helige Ande vill om och om igen, kommer du inte bara att få mer andlig glädje, ditt hjärta kommer att mer och mer förvandlas till ett sant hjärta. Du kommer också att bära glädjens mogna frukter och ditt ansikte kommer att stråla av andligt ljus.

**För det tredje, vi måste uthålligt så frön av glädje och tacksamhet.**

För att en bonde ska kunna skörda måste han så frön och ta hand om dem. På samma sätt måste vi, för att kunna bära frukten glädje, vara uthålliga i tacksamheten och offra tackoffer till Gud. Om vi är Guds barn med tro finns det så mycket att vara glad för!

Först har vi frälsningens glädje som inte kan bytas ut mot någonting annat. Sen har vi den gode Guden som är vår Fader, och Han bevarar sina barn som lever i sanningen och svarar dem vad de än ber om. Så hur lyckliga är vi? Om vi bara helgar Herrens sabbat och ger tionde på rätt sätt, kommer vi inte att möta några katastrofer eller olyckor alls under året. Om vi inte begår synder utan håller Guds befallningar och arbetar trogen för Hans rike, då kommer vi alltid att kunna ta emot välsignelser.

Även om vi möter svårigheter finns det lösningar på alla slags problem i de sextiosex böckerna i Bibeln. Om problemet är vårt eget fel, kan vi omvända oss från sådana vägar så att Gud har barmhärtighet över oss och ger oss svaret som löser problemet. När vi ser tillbaka på oss själva, om vårt hjärta inte fördömer oss, kan vi vara glada och tacksamma. Då kommer Gud låta allt samverka till det bästa och ge oss mer välsignelser.

Vi ska inte ta Guds nåd som Han har gett oss för given. Vi måste glädja oss och tacka Honom hela tiden. När vi letar efter tillfällen att tacka och fröjda oss, kommer Gud ge oss fler möjligheter att vara tacksamma. Och när vår tacksamhet och glädje växer kommer vi till slut bära frukten glädje helt och hållet.

## Klagan även efter att man har burit frukten glädje

Även om vi bär frukten glädje i vårt hjärta, kommer vi vara ledsna ibland. Det är en andlig klagan som görs i sanningen.

Först finns det en klagan av omvändelse. Om det kommer prövningar och svårigheter som orsakas av vår egen synd, går det inte att lösa problemet enbart med glädje och tacksamhet. Om man kan glädja sig fast man har begått en synd, är den glädjen världslig glädje och har ingenting med Gud att göra. I sådana fall måste vi omvända oss med tårar och vända oss bort från sådana vägar. Vi måste på djupet ändra vårt tänkande, "Hur kunde jag begå en sådan synd fast jag tror på Gud? Hur kunde jag överge Herrens nåd?" Då kommer Gud att acceptera vår omvändelse, och som ett bevis på att syndens mur är nedbruten, ger Han oss glädje. Vi kommer känna oss lätta till mods, som om vi gick på moln, och en ny slags glädje och tacksamhet kommer från ovan.

Men klagan av omvändelse är något helt annorlunda mot sorgens tårar som kommer på grund av smärtan man upplever i svårigheterna eller i katastroferna. Även om du ber med många tårar och till och med näsan rinner, är det bara en köttslig klagan så länge du gråter med förakt mot din egen situation. Och om du bara försöker fly undan problemet av rädsla för straffet och inte vänder om från dina synder helt och hållet, kan du inte få sann glädje. Du kommer inte att känna dig förlåten heller. Om din klagan är en sann klagan av omvändelse, kommer du göra dig av med villigheten att synda och sedan bära tydligt frukt av omvändelse. Bara då kan du ta emot andlig glädje från ovan igen.

Sedan finns det en klagan som man har när Gud blir vanärad eller på grund av själar som är på väg mot döden. Det är en slags klagan som är rätt utifrån sanningen. Om du har en sådan klagan, kommer du be för Guds rike med stor nit. Du kommer att be om helighet och kraft att rädda fler själar och utbreda Guds rike. En sådan klagan är därför till behag för Gud och är acceptabel i Hans ögon. Om du har en sådan andlig klagan, kommer glädjen djupt inom dig inte att försvinna. Du kommer inte förlora styrka, bli sorgsen eller modfälld, utan fortfarande vara tacksam och lycklig.

För flera år sedan visade Gud mig det himmelska hus som en person som med rop och suckan ber mycket för Guds rike och församlingen. Hennes hus var utsmyckad med guld och dyrbara ädelstenar, och det fanns också många stora skinande pärlor. Precis som en mussla tillverkar en pärla med all sin energi och kraft, klagade hon i bön för att efterlikna Herren, och hennes klagan gällde Guds rike och själarna. Gud lönar henne tillbaka för alla hennes tårfyllda böner. Därför borde vi alltid glädja oss i tron på Gud, och vi borde också kunna klaga för Guds rike och själarna.

## Var positiv och följ godheten i alla situationer

När Gud skapade den första människan Adam gav Han honom glädje i hans hjärta. Men den glädjen som Adam fick då var annorlunda mot den glädje som vi får efter att ha gått igenom den mänskliga kultiveringen här på jorden.

Adam var en levande varelse, eller en levande själ, vilket betyder att han inte hade några köttsliga karaktärsdrag, och därför hade han inget som var motsatsen till glädje. Han hade med andra ord inget begrepp om relativiteten och kunde inte inse värdet av glädjen. Bara de som har lidit av sjukdomar kan förstå hur värdefull hälsan är. Bara de som har lidit av fattigdom kan förstå det sanna värdet i ett rikt liv.

Adam hade aldrig upplevt någon smärta, och han kunde därför inte heller inse vilket lyckligt liv han levde. Trots att han njöt av ett evigt liv och överflöd i Edens lustgård, kunde han inte riktigt glädja sig från djupet av sitt hjärta. Men efter att ha ätit från trädet med kunskap om gott och ont, kom kött in i hans hjärta, och han förlorade den glädjen som han hade fått från Gud. I det att han gick igenom många lidanden i denna värld, blev hans hjärta fyllt med sorg, ensamhet, förakt, hårda känslor och oro.

Vi har upplevt alla slags smärtor här på jorden, och nu måste vi få tillbaka den andliga glädje som Adam har förlorat. För att kunna göra det, måste vi göra oss av med kött, följa den Helige Andes vilja hela tiden, och så frö av glädje och tacksamhet i allt. Om vi sedan lägger till en positiv attityd och följer godheten, kommer vi att kunna bära frukten glädje helt och hållet.

Denna glädje får man efter att ha upplevt relativiteten i mycket här på jorden, till skillnad från vad Adam upplevde i Edens lustgård. Den glädjen kommer från djupet av våra hjärtan och förändras aldrig. Den sanna lyckan som vi kommer att njuta av i himlen har redan kultiverats i oss här på jorden. Hur kan vi beskriva den glädje vi kommer att ha när vårt liv på jorden är slut och vi kommer in i himmelriket?

Lukas 17:21 säger, *"Inte heller skall man kunna säga: Se, här är det, eller: Där är det. Ty se, Guds rike är mitt ibland er."* Min förhoppning är att ni snabbt ska bära frukten glädje i era hjärtan så att ni kan smaka himlen på jorden och leva ett liv som hela tiden är fyllt med lycka.

**Hebreerbrevet 12:14**

*"Sträva efter frid med alla och efter helgelse.*

*Ty utan helgelse kommer ingen att se Herren."*

*Sådant är lagen inte emot*

*Kapitel 4*

# Frid

Frukten frid
För att kunna bära frukten frid
Ord av godhet är viktiga
Tänk vist och se saken från den andras synvinkel
Sann frid i hjärtat
Välsignelser för de som skapar frid

Frid

Saltpartiklar är inte synliga, men när de kristalliseras blir de till vackra kubiska kristaller. En liten del salt löses upp i vatten och förändrar vattnets struktur. Salt är en krydda som är absolut nödvändig för matlagning. Mikroelementen i saltet är så litet men samtidigt oerhört nödvändigt för att uppehålla livsfunktionerna.

Precis som salt upplöses för att ge smak till maten och förebygger förruttnelse, vill Gud att vi helgar oss själva för att kunna bygga upp och rena andra, och att bära den underbara frukten frid. Låt oss nu ta en titt på frukten frid bland den Helige Andes frukter.

## Frukten frid

Även om man är troende på Gud, kan man inte bevara friden med andra så länge man har sitt eget ego, eller "jaget." Så länge man tycker att man har rätt tenderar man att strunta i andras åsikter och agera otrevligt. Även om en överenskommelse har nåtts genom röstning och majoriteten vann, fortsätter man att klaga över beslutet. Man pekar hellre ut andras brister i stället för vad de är bra på. Man talar också illa om andra och sprider rykten, och på så sätt skapar splittring bland människor.

När man är nära sådana människor känns det som om man sitter på en bädd av törnen och man känner ingen frid. Där det finns fridsstörare kommer det alltid finnas problem, attacker, och prövningar. Om friden störs i ett land, i en familj, på arbetsplatsen, i församlingen eller i någon annan grupp, kommer vägen för välsignelserna att bli blockerad och många svårigheter kommer.

I en teaterföreställning är hjälten eller hjältinnan givetvis viktig, men de andra rollerna och allt stöd som alla andra i ensemblen är också viktiga. Detsamma gäller för alla organisationer. Även om det verkar som om man har en liten uppgift är det så att när alla gör det de ska, kan arbetet fullgöras som det var tänkt. De som gör sin uppgift kommer också att kunna få större roller senare. Man får inte bli arrogant bara för att den uppgift man har är viktig. När man hjälper andra att växa, kommer hela arbetet bli färdigställt i frid.

Romarbrevet 12:18 säger, *"Håll fred med alla människor så långt det är möjligt och beror på er."* Och Hebreerbrevet 12:14 säger, *"Sträva efter frid med alla och efter helgelse. Ty utan helgelse kommer ingen att se Herren."*

Här handlar "frid" om att komma överens med andra trots att de har andra åsikter, även om vår egen åsikt är den rätta. Frid är att ge tröst till andra. Frid är ett generöst hjärta med vilket vi kan känna oss ok med allt så länge det ligger inom gränsen för sanningen. Frid är att söka den andras bästa och att inte favorisera. Frid är att försöka att inte ha problem eller konflikt med andra genom att hålla tillbaka när man har en avvikande personlig åsikt om något och att inte fokusera på andras fel och brister.

Guds barn ska inte bara bevara friden mellan man och fru, föräldrar och barn, bröder och grannar, de måste också bevara friden med alla människor. De måste ha frid med inte bara dem som de älskar utan också med dem som hatar dem och skapar problem för dem. Det är särskilt viktigt att bevara friden i församlingen. Gud kan inte verka om friden är störd. Det ger bara en möjlighet för Satan att anklaga oss. Även om vi arbetar hårt och når stora erövringar i tjänst för Gud, kan vi inte bli ärade om friden är störd.

I 2 Mosebok 26 bevarade Isak friden med alla trots att människor utmanade honom. Det var när Isak, i ett försök att undkomma hungersnöden, gick dit där filistéerna bodde. Han tog emot Guds välsignelser och hans flockar och herdar växte och så gjorde även hans hushåll. Filistéerna var svartsjuka på honom och hindrade Isak genom att fylla igen hans brunnar med jord.

De fick inte tillräckligt regn i det området, och speciellt på sommaren var det torftigt med regn. Brunnar var deras livlina. Men Isak tvistade inte med dem eller ställde till med bråk. Han bara lämnade platsen och grävde en ny brunn. Närhelst han hade hittat en brunn efter stora svårigheter, kom filistéerna och insisterade på att brunnen var deras. Trots det protesterade aldrig Isak utan gav upp brunnarna. Han flyttade till en annan plats och grävde en ny brunn.

Detta upprepade sig många gånger, men Isak behandlade bara dessa människor med godhet och Gud välsignade honom med en brunn var han än gick. När filistéerna såg att Gud var med honom störde de honom inte mer. Om Isak hade bråkat med dem för att han blev felaktigt behandlad, skulle han ha blivit deras fiende och han skulle ha blivit tvungen att lämna platsen. Även om han hade fört sin egen talan på ett lugnt och stillsamt sätt, skulle det inte ha fungerat eftersom filistéerna provocerade för att starta bråk och hade onda avsikter. I stället bemötte Isak dem med godhet och bar frukten frid.

Om vi bär frukten frid på detta sätt, kontrollerar Gud alla situationer så att vi kan ha framgång i allt. Vad ska vi göra för att kunna bära frukten frid?

## För att kunna bära frukten frid

**För det första måste vi ha frid med Gud.**
Det viktigaste man måste tänka på när det gäller att bevara friden med Gud är att vi inte får ha någon mur av synd. Adam var tvungen att gömma sig för Gud eftersom han hade överträtt Guds Ord och ätit av den förbjudna frukten (1 Mosebok 3:8). Tidigare hade han varit i väldigt nära relation med Gud, men nu hade Guds närvaro fört med sig en känsla av fruktan och distans. Det var för att friden med Gud hade brutits på grund av hans synd.

Det är på samma sätt med oss. När vi handlar i sanningen, kan vi ha frid med Gud och ha frimodighet inför Gud. För att ha fullständig och fullkomlig frid måste vi förstås göra oss av med all synd och ondska från våra hjärtan och bli helgade. Men även om vi inte är fullkomliga än kan vi ha frid med Gud så länge vi uthålligt praktiserar sanningen i enlighet med det mått av tro vi har fått. Vi kan inte ha fullkomlig frid med Gud direkt från början, men vi kan ha frid med Gud när vi försöker följa friden med Honom efter det mått av tro vi har.

Även om vi försöker hålla frid med andra, är det frid med Gud som vi först och främst behöver eftersträva. Vi behöver också eftersträva frid med våra föräldrar, barn, makar, vänner och kollegor, och vi får aldrig göra något som är emot sanningen. Vi måste se till att vi inte bryter friden med Gud bara för att bevara friden med människor.

Hur går det till exempel om vi böjer oss inför avgudar och bryter mot Herrens dag för att kunna bevara friden med otroende familjemedlemmar? Det verkar som om vi för stunden har frid, men i själva verket har vi en allvarlig brytning i friden med Gud på grund av syndens mur som byggts upp inför Gud. Vi ska inte gå så långt att vi begår synder för att ha frid med människor. Om vi också bryter mot Herrens dag för att gå på en familjemedlems bröllop eller en väns, är det att bryta friden med Gud, och då kommer vi inte ens ha sann frid med de människorna vi har valt att vara med i stället.

För att vi ska kunna ha sann frid med människor, måste vi först behaga Gud. Då kommer Gud att driva undan fienden djävulen och Satan och ändra på onda människors sinnen så att vi kan ha frid med alla. Ordspråksboken 16:7 säger, *"Om någons vägar behaga HERREN, gör han även hans fiender till vänner."*

Det kan givetvis hända att den andra stör friden med oss även om vi gör vårt bästa inom sanningens ramar. När något sådant händer och vi håller våra reaktioner inom sanningens ramar ända till slutet, kommer Gud låta allt samverka till det bästa i allt. Det var så det var med David och kung Saul. På grund av sin svartsjuka försökte kung Saul döda David, men David behandlade honom med godhet ända till slutet. David hade många chanser att döda Saul, men han valde att eftersträva frid med Gud genom godhet. Till slut lät Gud David sitta på tronen och belönade honom på det sättet för hans goda gärningar.

**För det andra, vi måste ha frid med oss själva.**

För att kunna ha frid med andra, måste vi göra oss av med alla former av ondska och bli helgade. Så länge vi har ondska i våra hjärtan, kommer vår ondska att uppeggas i olika situationer och friden kommer att brytas. Vi kanske tror att vi har frid när allt går som förväntat, men så händer något som inte är så bra som stör friden, och dessa situationer provocerar ondskan i våra hjärtan. När hat och vrede kokar i våra hjärtan, så obekvämt det är! Men vi kan ha frid i hjärtat oavsett omständigheter, om vi fortsätter att välja sanningen.

Somliga har dock inte sann frid i sina hjärtan trots att de försöker att praktisera sanningen för att ha frid med Gud. Det beror på att de har självrättfärdighet och detta styr deras personlighet.

Somliga har inte frid i sinnet eftersom de är för bundna av Guds Ord. Precis som Job innan han gick igenom prövningarna, ber de starkt och försöker leva efter Guds Ord, men de gör inte detta för att de älskar Gud. De lever efter Guds Ord av rädsla för straffen och hämnden från Gud. Och om de av någon anledning, på något sätt, överträder sanningen, blir de väldigt nervösa eftersom de är rädda för vilka konsekvenser det kommer att leda till.

I ett sådant fall, hur plågade skulle inte deras hjärtan bli även om de är så nitiska i att praktisera sanningen! Därför stoppar deras andliga tillväxt upp och de förlorar glädjen. Och de lider på grund av den egna självrättfärdigheten och ens tankars ramverk. Men i stället för att vara besatt av att hålla lagen i sina handlingar, måste de börja kultivera kärlek till Gud. Man kan bara njuta av sann frid om man älskar Gud av hela ens hjärta och förstår Guds kärlek.

Här är ett annat exempel. Somliga har inte frid med sig själva eftersom de har ett negativt tänkande. De försöker praktisera sanningen, men de fördömer sig själva och orsakar smärta i sitt eget hjärta om de inte får de resultat de vill ha. De känner sig ledsna inför Gud och förlorar modet när de tänker på allt de brister i. De förlorar friden och tänker, "Tänk om människor runt omkring är besvikna på mig? Tänk om de lämnar mig!"

Sådana människor måste bli andliga barn. Barn som vet att deras föräldrar älskar dem tänker väldigt enkelt. Även om de gör något misstag, döljer de inte det för sina föräldrar, utan kommer nära intill och säger att de kommer att göra bättre nästa gång. Om de säger att de är ledsna och kommer att göra bättre nästa gång med ett ansikte som verkligen uttrycker kärlek och förtröstan, kommer det förmodligen göra att föräldern ler även om de var på väg att bestraffa barnen.

Det betyder självklart inte att du bara ska säga att du tänker göra bättre nästa gång hela tiden och sedan fortsätta göra samma misstag om och om igen. Om du verkligen vill vända dig bort från synder och göra bättre nästa gång, varför skulle Gud då vända bort sitt ansikte från dig? De som verkligen omvänder sig förlorar inte modet eller blir besvikna på grund av andra människor. De kanske måste få något straff eller degraderas under en tid på grund av rättvisan. Men om de verkligen är säkra på Guds kärlek till dem, kan de villigt acceptera Guds straff och de bryr sig inte om vad andra människor tycker och tänker.

Saken är den att Gud inte har behag till att man fortsätter att tveka och tror att man inte är förlåten. Om man verkligen har omvänt sig och vänt sig bort från sina vägar, är det till behag för Gud när man också tror att man har blivit förlåten. Även om det kommer prövningar på grund av missgärningarna, kommer man att vända det till välsignelser om man accepterar dem med glädje och tacksamhet.

Vi måste därför tro att Gud älskar oss även om vi inte är fullkomliga än, och att Han kommer att göra oss fullkomliga om vi bara fortsätter att förändra oss själva. Om vi också blir degraderade i någon prövning, får vi lita på Gud som till slut kommer att lyfta upp oss. Vi får inte bli otåliga i vår längtan att bli erkända av människor. Om vi bara fortsätter att lagra ett sanningsenligt hjärta och sanningsenliga gärningar, kommer vi ha frid med varandra och också ha ett andligt självförtroende.

**För det tredje, vi behöver ha frid med alla.**
För att kunna eftersträva frid med alla, måste vi kunna offra oss själva. Vi måste offra oss för andra, även till den nivån att vi ger våra liv. Paulus sade, "Jag dör dagligen", och precis som han sade, får vi inte fortsätta att hålla fast vid vad vi själva vill och tycker, så att vi kan bevara friden med alla.

För att ha frid, får vi inte handla otrevligt, försöka skryta eller visa upp oss själva. Vi måste ödmjuka oss själva från hjärtat och lyfta upp andra. Vi får inte ha förutfattade meningar, och samtidigt måste vi kunna acceptera andras sätt, så länge det är inom sanningens grunder. Vi får inte tänka utifrån vårt eget mått av tro utan se saken från andras synvinkel. Även om vår åsikt är korrekt, eller kanske till och med bättre, måste vi fortfarande kunna följa andras åsikter.

Det betyder dock inte att vi bara ska låta de vara och gå deras väg om de är på väg mot döden genom att begå synder. Inte heller ska vi kompromissa med dem eller följa dem i att göra osanningar. Ibland behöver vi ge dem råd eller tillrättavisa dem i kärlek. Vi kan ta emot stora välsignelser när vi eftersträvar frid inom sanningens gränser.

Härnäst, för att kunna ha frid med alla får vi inte hålla fast vid vår egen självrättfärdighet och våra egna ramverk. "Ramverk" är det som man tror är rätt utifrån ens egen individuella personlighet, känsla av ägandeskap och vad man föredrar. "Självrättfärdighet" här betyder att man försöker tvinga på någon annan ens egna åsikter och idéer som man anser vara viktigare. Självrättfärdighet och ramverk blir tydliga i hur vi lever våra liv.

Men vad ska man göra om någon överträder reglerna på ett företag och rättfärdigar sina handlingar för sig själv eftersom han tycker att reglerna är felaktiga? Han kanske tycker att han gör det som är rätt, men uppenbarligen tycker hans chef eller kollegor något annat. Det är i enlighet med sanningen att följa andras åsikter så länge de inte är osanningar.

Alla har olika personligheter eftersom alla har vuxit upp i olika miljöer. Vi har alla olika utbildning och olika mått av tro. Därför har man olika standarder och bedömer saker som rätt och fel eller gott och ont på olika sätt. En person kan tycka att något är korrekt medan en annan tycker att det är fel.

Låt oss till exempel tala om relationen mellan en man och en fru. Mannen vill att huset jämt ska vara städat och prydligt, medan frun inte gör det. I början står mannen ut med det av kärlek och städar själv. Men allt eftersom tiden går blir han frustrerad. Han börjar tycka att hans fru inte fick en ordentlig uppfostran och inte fick lära sig hur man tar hand om ett hem. Han undrar varför hon inte kan göra saker som är så enkla och lätta. Han förstår inte varför hennes vanor inte förändras, inte ens efter flera år, trots att han påpekar det från tid till tid.

Men frun har något att säga om det hela. Hennes besvikelse

växer mot hennes man och hon tänker, "Jag existerar inte bara för att städa och sköta hushållet. Om jag inte har möjlighet att städa någon gång måste han kunna göra det själv. Varför klagar han så mycket över det? Förut verkade han kunna göra vad som helst för mig, men nu klagar han över minsta lilla. Han har till och med mage att ha synpunkter på min uppfostran!" Om de fortsätter att hålla fast vid sina egna synpunkter och önskningar kommer de inte kunna ha frid. Frid kommer bara när man ser saken ur den andres perspektiv och när man tjänar varandra, och inte när man tycker att man har rätt utifrån ens eget perspektiv.

Jesus sade till oss, att när vi offrar till Gud, om vi har något emot någon broder, ska vi först gå och försona oss med honom och sedan komma tillbaka och ge offret (Matteus 5:23-24). Vårt offer kommer bara att bli accepterat av Gud när vi har frid med den brodern och ger offret.

De som har frid med Gud och med sig själv kommer inte att störa friden med andra. De kommer inte att bråka med andra eftersom de redan har gjort sig av med girighet, arrogans, högmod, självrättfärdighet och eget ramverk. Även när andra är onda och orsakar problem, kommer dessa människor kunna offra sig själva för att skapa frid.

## Ord av godhet är viktiga

Det finns några saker som är viktiga när vi eftersträvar frid. Det är väldigt viktigt att enbart tala goda ord för att bevara friden. Ordspråksboken 16:24 säger, *"Milda ord är som drypande honung, ljuvliga för själen och en läkedom för kroppen."* Goda ord ger styrka och mod till dem som är missmodiga. De kan bli god medicin för att uppväcka döende själar.

Onda ord stör snarare friden. När Rehabeam, son till kung Salomo, besteg tronen, kom folken från de tio stammarna till kungen och bad honom att minska på deras tunga bördor. Kungen svarade, *"Har min far gjort ert ok tungt, så skall jag göra det ännu tyngre. Har min far tuktat er med ris, så skall jag göra det med skorpiongissel"* (2 Krönikeboken 10:14). På grund av dessa ord, skildes kungen och folket åt, vilket resulterade i att landet delades i två delar.

Människans tunga är en väldigt liten del av kroppen, men den har en oerhörd makt. Det är som en liten låga som kan bli till en stor eld som kan göra stor skada om den inte kontrolleras. Det är därför det står i Jakobs brev 3:6, *"En sådan eld är tungan, en värld av ondska bland våra lemmar. Den smutsar ner hela vår kropp och sätter tillvarons hjul i brand och är själv antänd av Gehenna."* Även Ordspråksboken 18:21 säger, *"Tungan har makt över död och liv, de som gärna brukar den får äta dess frukt."*

Om vi talar ord av förakt eller klagan för att man tycker olika i sakfrågor, innehåller de en negativ inställning och därför kommer fienden djävulen och Satan med anklagelser. Det är två helt skilda saker att ha klagan och föraktet inom sig och att utåt avslöja sådana känslor med ord och handling. Att hålla en flaska bläck i ens ficka är en sak, men att öppna locket och hälla ut det är en helt annan. Om du häller ut det, kommer det att fläcka människor runt omkring dig och även dig själv.

På samma sätt kan det bli när man gör Guds verk och kanske

klagar bara för att något inte är som man tycker att det ska vara. Då kommer det alltid någon som håller med dig i vad du tycker och säger samma sak. Om ni blir fler, två eller tre, skapas en Satans synagoga. Friden i församlingen kommer att störas och församlingen slutar växa. Därför ska vi alltid bara se, höra och tala goda ting (Efesierbrevet 4:29). Vi ska inte ens lyssna på ord som är utanför sanningens eller godhetens gränser.

## Tänk vist och se saken från den andras synvinkel

Vad vi mer behöver tänka på är att det kan finnas gånger då det inte är du som har några negativa känslor mot någon, utan någon annan som stör friden. Då måste du tänka på om det verkligen är den andra personens fel. Ibland kan det vara du som är orsaken till att andra stör friden, utan att du har insett det.

Du kanske har sårat någons känslor på grund av okänslighet, ovisa ord eller dåligt uppförande. Om du i sådana fall fortsätter tro att du inte har någon negativ inställning mot den andra personen, kan du inte heller ha frid med honom eller ens komma till insikt att du är orsaken, insikten som kan hjälpa dig att förändras. Du måste kunna kontrollera dig själv och se om du verkligen är en som skapar frid, om även andra tycker det.

En ledares kanske tycker att han bevarar friden medan hans underordnade tycker att det är jobbigt. De kan inte öppet uttrycka sina känslor till sin överordnande. Allt de kan göra är att bara stå ut med det och känna sig sårade på insidan.

Det finns en känd händelse med premiärminister Hwang Hee i Chosun-dynastin. Han såg en bonde som plöjde sitt fält med två oxar. Ministern frågade bonden med hög röst, "Vilken av de två oxarna arbetar hårdast?" Bonden tog hastigt ministerns armar och drog med honom en bra bit bort. Där viskade han i hans öron, "Den svarta är ibland lat, men den gula arbetar hårt." "Varför drog du med mig hit och viskade i mitt öra om oxarna?" frågade Hwang Hee med ett leende. Bonden svarade, "Inte ens djuren tycker om när vi talar illa om dem." Det var i det ögonblicket som Hwang Hee insåg hur okänslig han hade varit.

Tänk om oxarna hade hört och förstått vad farmaren sade? Den gula oxen skulle blivit arrogant, och den svarta avundsjuk och skulle ställt till med problem för den gula oxen eller blivit ledsen och arbetat ännu mindre än tidigare.

Med hjälp av den här berättelsen kan vi lära oss att vara hänsynsfulla även inför djuren, och vi ska vara försiktiga med att säga eller göra något som kan se ut som om vi favoriserar någon. Där favorisering finns, finns avundsjuka och arrogans. Om du till exempel prisar någon inför många, eller om du tillrättavisar någon inför många, då lägger du grund för en konflikt. Du måste vara hänsynsfull och så pass vis att du inte ställer till med problem.

Det finns också människor som lider på grund av att deras chefer favoriserar eller diskriminerar någon, men ändå, när de själva blir chefer, favoriserar de vissa och diskriminerar andra. Men vi kan förstå att om vi lider av någon orättvisa, gör vi bäst i att vara försiktig med våra ord och vårt uppförande så att friden inte störs.

## Sann frid i hjärtat

Något annat du måste tänka på när det handlar om att uppnå frid är att sann frid först måste uppnås i hjärtat. Även de som inte har frid med Gud eller med sig själva kan ha frid med andra till en viss grad. Många troende vet att de inte ska störa friden, så de kan till ett visst kontrollera sina dåliga känslor och inte stöta sig med andra som har andra åsikter än de själva. Men avsaknaden av yttre konflikt betyder inte att de bär frukten frid. Andens frukt frid bärs inte på utsidan utan i hjärtat.

Det kan till exempel vara så att du känner förakt om någon inte betjänar dig eller ens känner igen dig, men du kanske inte säger något utåt. Du kanske tänker, "Jag får bara ha lite mer tålamod!" och så försöker du betjäna den personen. Men om det händer igen, då växer föraktet.

Du kan inte direkt uttrycka föraktet för du tänker att det bara kommer såra din stolthet, men indirekt kanske du börja kritisera personen. På något sätt avslöjar du att du upplever dig förföljd. Ibland kanske du inte förstår andra och det gör så att du inte kan ha frid med dem. Du håller bara tyst av fruktan för att starta ett bråk om du börjar diskutera. Du slutar bara prata och ser ner på honom och tänker, "Han är ond och insisterar på att han har rätt så det är ingen idé att prata med honom."

På det här sättet stör du inte friden utåt, men du har inga goda känslor mot personen heller. Du håller inte med honom i det han tycker, och du kanske känner att du inte vill vara nära honom. Du kanske till och med klagar om honom genom att prata med andra om hans brister. Du nämner dina obekväma känslor och säger, "Han är verkligen ond. Hur kan någon förstå honom och vad han gjorde?! Men jag måste ju handla i godhet, så jag får stå ut med honom." Det är förstås bättre att på det här sättet inte störa friden än att öppna munnen och störa friden.

Men för att kunna ha sann frid måste du kunna betjäna andra från hjärtat. Du får inte trycka ner sådana känslor och ändå vilja bli betjänad. Du behöver ha villigheten att tjäna och söka andras bästa.

Du ska inte bara le på utsidan och sedan döma på insidan. Du måste förstå andra utifrån deras synvinkel. Bara då kan den Helige Ande verka. Även om de söker sitt eget bästa, kommer de bli berörda i sina hjärtan och förändras. Och när alla inblandade inser sina egna brister, kan var och en ta på sig skulden. Till slut kommer alla kunna ha sann frid och kunna dela med sig av sina hjärtan.

## Välsignelser för de som skapar frid

De som har frid med Gud, med sig själva, och med andra, har makt att driva undan mörkret. På det sättet kan de uppnå frid runt omkring sig. Som det står i Matteus 5:9, *"Saliga är de som skapar frid, de skall kallas Guds barn"* har de auktoriteten som Guds barn, ljusets auktoritet.

Om du till exempel är en församlingsledare, kan du hjälpa de troende att bära frukten frid. Du göra det genom att ge dem sanningens Ord som har makt och kraft, så att de kan lämna sina synder och bryta ner självrättfärdigheten och de egna ramverken. När Satans synagoga skapas som separerar människor från varandra, kan du förgöra den med kraften i ditt ord. På det här sättet kan du skapa frid mellan olika människor.

Johannes 12:24 säger, *"Amen, amen säger jag er: Om vetekornet inte faller i jorden och dör, förblir det ett ensamt korn, men om det dör, bär det rik frukt."* Jesus offrade sig själv och dog som ett vetekorn och bar rik frukt. Han förlät oändligt många döende själars synder och lät dem få frid med Gud. Det ledde till att Herren själv blev kungars Kung och herrars Herre och fick stor ära och härlighet.

Vi kan bara få överflödande skörd när vi offrar oss själva. Gud Fadern vill att Hans älskade barn ska offra sig och "dö som vetekornet" för att bära rik frukt precis som Jesus gjorde. Jesus sade också i Johannes 15:8, *"Min Fader förhärligas, när ni bär rik frukt och blir mina lärjungar."* Som sagt, låt oss följa den Helige Andes vilja och bära frukten frid och leda många själar till frälsningsvägen.

Hebreerbrevet 12:14 säger, *"Sträva efter frid med alla och efter helgelse. Ty utan helgelse kommer ingen att se Herren."* Även om ni vet att ni har helt rätt är det ändå inte rätt i Guds ögon om andra känner sig obekväma på grund av er och om det uppstår konflikter, och därför måste ni se tillbaka på er själva. Då kan ni bli heliga människor utan någon ondska och som kommer att kunna se Herren. När ni gör så hoppas jag att ni kommer få njuta av andlig auktoritet på den här jorden genom att kallas Guds söner, och få en hedervärdig position i himlen där ni kommer kunna se Herren hela tiden.

Jakobs brev 1:4

*"Men låt er uthållighet visa sig i fullbordad gärning,*

*så att ni är fullkomliga och hela, utan brist i något avseende."*

*Sådant är lagen inte emot*

*Kapitel 5*

# Tålamod

Tålamod som inte behöver tålamod
Frukten tålamod
Trons fäders tålamod
Tålamod för att komma till himmelriket

Tålamod

Ofta verkar det som om lyckan i livet beror på om vi har tålamod eller inte. Det händer ofta att man ångrar vad man har gjort i relationen mellan föräldrar och barn, man och hustru, mellan syskon och vänner, allt som skedde för att man inte hade tålamod. Vårt tålamod kan också vara avgörande för vår framgång eller misslyckande i studierna, arbetet eller företaget. Tålamod är ett oerhört viktigt element i våra liv.

Andligt tålamod och vad man i världen tror är tålamod är inte allt samma sak. Människor i den här världen kan ha uthållighet och tålamod, men det är ett köttsligt tålamod. Om de har en negativ inställning kommer man försöka hålla tillbaka den. De kanske till och med gnisslar tänder och slutar äta. Till slut leder det till psykiska problem eller depression. Ändå hävdar man att de som kan hålla tillbaka sina känslor har ett stort tålamod. Men det är inte andligt tålamod.

## Tålamod som inte behöver tålamod

Andligt tålamod handlar inte om att stå ut med ondska utan att endast vara god. Om du har tålamod utifrån godhet i ditt hjärta, kan du övervinna svårigheter med tacksamhet och hopp. Detta kommer att leda till att ditt hjärta vidgas. Om du i stället har tålamod utifrån ondska kommer din negativa inställning samlas på hög och ditt hjärta blir hårdare och hårdare.

Hur skulle det vara om någon talade illa om dig och utan orsak sårade dig? Du kanske upplever att din stolthet såras eller till och med känner dig som ett offer, eller så undertrycker du de känslorna och tänker att du måste stå ut med det eftersom Guds

Ord säger det. Men när du försöker kontrollera dina tankar och känslor blir din ansiktsfärg ansträngd, din andning häftigare och dina läppar sammandragna. Om du undertrycker känslorna på detta sätt kommer de så småningom ändå att välla upp när situationen förvärras. Det är inte andligt tålamod.

Om du har andligt tålamod kommer ditt hjärta inte att påverkas av något som händer omkring dig. Skulle du bli felaktigt anklagad för något, låter du det hela bero eftersom du tänker att det måste ha skett något missförstånd. Om du har ett sådant hjärta, kommer du inte ens behöva "hålla ut" eller "förlåta" någon. Låt mig ge dig en enkel illustration.

Det var en kall vinternatt, och ljuset var tänt i ett hus till sena kvällen. Barnet i huset hade feber runt 40°C (104 °F). Pappan blötte upp sin t-shirt i kallt vatten och höll honom i famnen. När pappan lade en kall handduk på barnet hoppade han till och tyckte inte om det. Men trots att t-shirten kändes kall en liten stund kom barnet till ro i sin pappas armar.

När t-shirten blev varm av barnets feber, blötte pappan t-shirten igen med kallt vatten. Han fick blöta ner sin t-shirt flera gånger innan morgonen kom. Men han verkade inte ens bli trött. I stället såg han på barnet med kärleksfulla ögon som sov tryggt i sin pappas armar.

Trots att han hade varit uppe hela natten, klagade han inte över hunger eller trötthet. Han tänkte inte på sin egen kropp. Hela hans uppmärksamhet var fäst vid barnet och alla hans tankar handlade om hur han skulle få sin son att må och känna sig bättre. Och när barnet blev bättre, tänkte han inte på det arbete han hade fått utstå. När vi älskar någon, kan vi automatiskt utstå svåra saker och hårt arbete och man behöver inte ens försöka ha tålamod.

Detta är den andliga betydelsen med "tålamod."

## Frukten tålamod

Vi kan hitta "tålamod" i 1 Korinterbrevet kapitel 13, "kärlekskapitlet", och det är det tålamod som behövs för att kultivera kärlek. Det står till exempel att kärlek inte söker sitt. För att ge upp allt som vi själva vill ha och i stället söka den andras bästa, kommer vi att möta situationer som kräver tålamod. Tålamodet i "kärlekskapitlet" är det tålamod som krävs för att kärlek ska kultiveras.

Men tålamodet som är en av de nio frukterna från den Helige Ande är tålamod i allt som vi möter. Detta tålamod är en högre nivå än tålamodet i den andliga kärleken. När vi försöker uppnå något, stöter vi alltid på svårigheter, oavsett om det gäller Guds rike eller personlig helgelse. Det kommer att komma klagan och hårt arbete som tar all vår energi. Men vi kan tålmodigt hålla ut med tro och kärlek eftersom vi har ett hopp om att få skörda frukten. Detta tålamod är det tålamod som är en av de nio frukterna från den Helige Ande. Det finns tre aspekter i detta tålamod.

**Den första är tålamod med sig själv för att förändra sitt hjärta.**

Ju mer ondska vi har i hjärtat, desto svårare är det att vara tålmodig. Om vi har mycket vrede, arrogans, girighet, självrättfärdighet och självgjorda ramverk, kommer vi ha ett temperament och hårda känslor som blossar upp även över triviala saker.

Det var en församlingsmedlem vars månatliga inkomst var cirka 15 000 amerikanska dollar, men en månad var hans inkomst betydligt mindre än det. Då började han föraktfullt klaga på Gud. Senare bekände han att han inte hade varit tacksam för det välstånd han hade haft eftersom han hade girighet i sitt hjärta.

Vi ska vara tacksamma till Gud för allt Han har gett oss, även om vi inte tjänar mycket pengar. Då kommer inte girighet växa i våra hjärtan och vi kommer lättare kunna ta emot välsignelser från Gud.

Och när vi gör oss av med ondska och blir helgade, blir det lättare och lättare att ha tålamod. Vi kan tysta utstå till och med mycket svåra saker. Det går att förstå och förlåta andra utan att ens behöva känna att man undertrycker några känslor.

Lukas 8:15 säger, *"Men det som föll i god jord är de som har hört ordet och behåller det i ett uppriktigt och gott hjärta och bär frukt och är uthålliga."* Det är de som har goda hjärtan, likt den goda jordmånen, som kan vara uthålliga tills de bär goda frukter.

Men vi behöver fortfarande uthållighet och verkligen lägga manken till för att våra hjärtan ska bli god jord. Helgelse kommer inte automatiskt bara för att man längtar efter det. Vi måste göra oss själva lydiga mot sanningen genom att be uthålligt med hela vårt hjärta och med fasta. Vi måste sluta med sådant vi en gång kanske älskade, och om något inte är till andlig nytta för oss, måste vi göra oss av med det. Vi får inte ge upp mitt i, eller sluta försöka efter ett par misslyckanden. Ända tills vi skördar helgelsens frukt helt och hållet och når vårt mål, måste vi göra vårt bästa med hjälp av självkontroll och genom att handla efter Guds Ord.

Det ultimata målet för vår tro är himmelriket, och framför allt

Nya Jerusalem som är den allra vackraste boplatsen av dem alla. Vi måste fortsätta med noggrannhet och tålamod till dess vi når vårt mål.

Men ibland ser vi hur människor saktar ner i helgelseprocessen av deras hjärtan efter att tidigare ha varit noggranna kristna. De gör snabbt sig av med "köttets gärningar" eftersom det är synder som syns på utsidan. Men eftersom "det som har med köttet att göra" inte syns på utsidan saktas farten ner. När de finner osanning i sig själva, ber de kraftigt för att göra sig av med det, men sen glömmer de bort det efter några dagar. Men om du vill få bort ogräset helt och hållet, räcker det inte med att plocka bort löven, man måste rycka upp det med rötterna. Samma princip måste tillämpas på den syndfulla naturen. Du måste be och förändra ditt hjärta ända till slutet, tills den syndfulla naturens rötter är uppdragna.

När jag var ny i tron, bad jag för att göra mig av med specifika synder, eftersom jag genom att läsa Bibeln insåg att Gud verkligen hatar de syndfulla egenskaperna som hat, temperament och arrogans. När jag beslöt mig för att hålla fast vid min självcentrerade inställning gick det inte att göra sig av med hat och negativ inställning från hjärtat. Men i bön gav Gud mig nåd att se saken från andras synvinkel. Alla mina hårda känslor mot dem smälte bort och hatet försvann.

När jag gjorde mig av med vreden lärde jag mig tålamod. När jag blev felaktigt anklagad, räknade jag inom mig, "ett, två, tre, fyra..." och höll inne de ord jag så gärna ville tala ut. I början var det svårt att behålla lugnet, men när jag ihärdigt fortsatte, försvann gradvis min vrede och irritation. Efter ett tag märke jag att det inte hände något på insidan när jag hamnade i en situation där jag tidigare blivit väldigt provocerad.

Jag tror att det tog mig tre år att göra mig av med arrogansen. När jag var ny i tron visste jag inte ens vad arrogans var, men jag bad ändå om att kunna göra mig av med det. Jag fortsatte att granska mig själv medan jag bad. Det ledde till att jag förmådde möta människor med respekt och heder, även de som i många aspekter var lägre än mig. Efter ett tag kunde jag bemöta andra medpastorer med samma attityd, oavsett om de var i ledarskapsposition eller nyligen ordinerade. Efter att jag uthålligt bett under tre år, insåg jag att jag inte längre hade något spår av arrogans i mig, och då behövde jag inte längre be för detta.

Om du inte drar upp den syndfulla naturen med rötterna, kommer samma syndfulla egenskaper komma upp i extrema situationer. Du kanske blir besviken när du inser att du fortfarande har viss del av osanning kvar i ditt hjärta trots att du redan har gjort dig av med det. Du kanske blir modfälld och tänker, "Jag försökte så hårt att göra mig av med det, och ändå är det fortfarande där."

Du kommer att finna olika former av osanning i dig ända tills du drar upp roten till den syndfulla naturen, men det betyder inte att du inte växer andligt. När man skalar en lök, ser man samma slags lager om och om igen. Men om man fortsätter att skala den utan att sluta, kommer löken till slut försvinna. Det är likadant med den syndfulla naturen. Du får inte bli modfälld bara för att du inte helt har gjort dig av med det än. Du måste ha tålamod till slutet och fortsätta ännu hårdare samtidigt som du ser fram emot att bli fullkomligt förändrad.

Somliga människor blir missmodiga om de inte får materiella välsignelser direkt efter att de har handlat efter Guds Ord. De tror att de bara går med förlust när de handlar i godhet. Somliga klagar till och med över att de regelbundet går till kyrkan men ändå inte tar emot välsignelser. Det finns givetvis ingen orsak till klagan. Sanningen är den att de ännu inte har tagit emot välsignelser från Gud eftersom de fortfarande praktiserar osanningar och inte har gjort sig av med allt som Gud säger åt oss att göra oss av med.

Det faktum att de klagar bevisar att deras fokus i tron inte är rätt. Man lessnar inte på att göra det som är gott om man handlar i godhet och sanning med tro. Ju mer du gör det som är gott, desto gladare blir du, och därför kommer du att längta mer efter sådant som är gott. När du blir helgad genom tro på detta sätt, kommer det stå väl till med din själ, allt kommer gå väl för dig, och du kommer att vara frisk.

**Det andra är tålamod med andra människor.**
När man interagerar med andra människor, med olika personligheter och utbildningsnivåer, kan olika situationer uppstå. En församling är just en sådan plats där människor från en mängd olika bakgrunder samlas. Där är det möjligt att reagera på allt från småsaker till stora allvarliga saker, och det kan störa friden i relationerna.

Vissa kanske säger, "Hans sätt att tänka på är helt annorlunda än mitt. Det är så svårt för mig att arbeta tillsammans med honom för vi har så vitt skilda personligheter." Men om man jämför det med ett äktenskap, hur många par har perfekt matchade personligheter? Levnadsvanor, smak och tycke skiljer sig åt, men man måste försöka underordna sig varandra för att passa ihop.

De som längtar efter helgelse kommer att ha tålamod för alla slags situationer, med alla slags människor, och kan bevara friden. Även i svåra och obekväma situationer, försöker de känna in vad den andra tycker och så bevara friden. De vill alltid förstå andra med en positiv inställning och de härdar ut medan de söker den andras bästa. Även när andra handlar ont, härdar de ut. De lönar ont med gott, och inte med ont.

Vi måste också ha tålamod när vi evangeliserar och ger själavård till själarna, och när vi tränar församlingsarbetare att uppnå Guds rike. I den pastorala tjänsten, kan jag se att vissa människor tar längre tid på sig att förändras. När de håller sig vän med världen och förödmjukar Gud, gråter jag många tårar i klagan, men jag ger aldrig upp om dem. Jag står ut med dem, för jag har ett hopp om att de en dag kommer att förändras.

När jag tränar upp församlingsarbetare, måste jag ha tålamod under en lång tid. Jag kan inte bara huta åt mina underordnande och tvinga dem att göra vad jag vill. Även om jag vet att det som ska göras kommer att göras lite långsammare än om jag skulle ha gjort det, kan jag inte ta bort uppdraget från församlingsmedlemmen och säga, "Du kan inte göra det här ordentligt. Du får sparken." Jag får hålla ut och leda dem till dess att de blir kunniga. Jag väntar under fem, tio eller till och med femton år så att de kan växa i förmågan att utföra sina uppgifter genom andlig träning.

Det är inte bara när de är fruktlösa som jag håller ut med dem så att de inte snubblar, utan också när de gör saker fel. Det skulle kunna vara lättare att låta någon annan göra uppgiften åt dem, eller att man byter ut den som inte kan mot någon som kan. Men orsaken till att jag håller ut till slutet är för var och en av dem personligen. Det är också för att på ett mer komplett sätt uppnå Guds rike.

Om du sår tålamodets frö på det här sättet, kommer du garanterat att få frukt eftersom Gud är rättvis. Om du till exempel håller ut med några själar tills de förändras, ber för dem under tårar, kommer du att få ett vidgat hjärta som kan omsluta dem allesammans. På det sättet får du auktoritet och kraft att uppväcka många själar. Du kommer att få kraft att förändra själarna som finns i ditt hjärta då bön från en rättfärdig man har stor verkan. Om du också kan kontrollera ditt hjärta och så frö av uthållighet även om du blir falskt anklagad, kommer Gud låta dig få skörda frukter av välsignelser.

**Det tredje är tålamod i vår relation med Gud.**
Detta handlar om det tålamod du behöver ha tills dess att du tar emot svar på dina böner. Markus 11:24 säger, *"Därför säger jag er: Allt vad ni ber om och begär, tro att ni har fått det, så skall det vara ert."* Om vi har tro kan vi tro på alla order i de sextiosex bibelböckerna. Det finns löften från Gud som säger att vi kommer att ta emot det vi ber om, och därför kan vi klara av allt genom bön.

Det betyder förstås inte att vi bara kan be och sedan inte göra något. Vi måste praktisera Guds Ord för att kunna ta emot svaret. Låt oss ta ett exempel med en student som är medelmåttig i sin klass och som börjar be om att få bli bäst i klassen. Men om han dagdrömmer i klassrummet och inte studerar kommer han inte kunna bli bäst. Han måste studera hårt, samtidigt som han ber ordentligt, så att Gud kan hjälpa honom att bli bäst i sin klass.

Det samma gäller företaget. Du ber och ber om att ditt företag ska ha framgång, men du gör det för att du ska kunna ha ett hus till, investera i fastigheter och köpa en lyxbil. Kommer du då få ta emot svar på sina böner? Gud vill givetvis att Hans barn ska leva ett liv i överflöd, men Han har inte behag till böner som bara handlar om att få saker för att tillfredsställa sin egen girighet. Men om du vill bli välsignad för att kunna hjälpa de behövande och stödja missionsverksamheten, och om du gör det som är rätt och inte olagligt, kommer Gud med all säkerhet leda dig till välsignelsens väg.

Det finns många löften i Bibeln om att Gud kommer att svara på sina barns böner. Men i många fall tar man inte emot sina svar eftersom man inte har tillräckligt med tålamod. Människan ber om snabba svar, men Gud svarar inte alltid omedelbart.

Gud svarar i rätt tid, och i den passande tiden eftersom Han vet allt. Om det de ber om är stort och viktigt svarar Gud bara när mängden böner är uppfylld. När Daniel bad för att få uppenbarelse om andliga ting, sände Gud sin ängel för att besvara bönen så snart Daniel började be. Men det tog 21 dagar innan Daniel mötte ängeln. Under dessa 21 dagar fortsatte Daniel att be med samma uthålliga hjärta som när han började be. Om vi verkligen tror att vi redan har fått något, då är det inte svårt att vänta på att ta emot det. Vi kommer bara tänka på hur glada vi kommer att bli när vi får lösningen på problemet.

Vissa troende kan inte vänta till dess att de har fått det de har bett Gud om i bön. De kanske ber och fastar för att be Gud om något, men om svaret dröjer kanske de ger upp och tror att Gud inte tänker svara dem.

Om vi verkligen trodde och bad skulle vi inte bli modfällda eller vilja ge upp. Vi vet inte när svaret kommer: imorgon, ikväll, efter nästa bön, eller om ett år. Gud vet den perfekta tiden att ge oss svaret.

Jakobs brev 1:6-8 säger, *"Men han skall be i tro utan att tvivla. Ty den som tvivlar liknar havets våg, som drivs och piskas av vinden. En sådan människa skall inte tänka att hon kan få något av Herren, splittrad som hon är och ostadig på alla sina vägar."*

Det enda som är viktigt är hur stadigt vi tror när vi ber. Om vi verkligen tror att vi redan har tagit emot ett svar, kan vi vara glada och lyckliga oavsett hur det ser ut. Om vi har tron att ta emot svaret, kommer vi be och handla i tro tills frukten ges till våra händer. Även om vi får gå igenom attacker i vårt hjärta eller förföljelser för att vi gör Guds verk kommer vi med hjälp av tålamodet kunna bära frukten godhet.

## Trons fäders tålamod

När man springer maraton blir det jobbigt ibland. Men glädjen av att komma i mål överträffar dessa jobbiga tillfällen och är så stor att den bara kan förstås av dem som har upplevt den. Guds barn som löper trons lopp kanske också får möta svårigheter då och då, men de kan övervinna allt genom att se på Jesus Kristus. Gud kommer att ge dem sin nåd och styrka, och den Helige Ande hjälper dem också.

Hebreerbrevet 12:1-2 säger, *"När vi alltså har en så stor sky av vittnen omkring oss, låt oss då lägga bort allt som tynger, och särskilt synden som snärjer oss så hårt, och löpa uthålligt i det lopp vi har framför oss. Och låt oss ha blicken fäst vid Jesus, trons upphovsman och fullkomnare, som i stället för den glädje som låg framför honom utstod korsets lidande utan att bry sig om skammen och som nu sitter på högra sidan om Guds tron."*

Jesus fick lida mycket förakt och hån från dem Han hade skapat ända till Han uppfyllde den omsorgsfulla frälsningsplanen. Men eftersom Han visste att Han skulle sitta på högra sidan om Guds tron och att frälsningen skulle ges till mänskligheten, uthärdade Han till slutet utan att bry sig om skammen. Han dog visserligen på korset och tog hela mänsklighetens synd, men Han uppstod på den tredje dagen för att öppna vägen till frälsning. Gud insatte Jesus som kungars Kung och herrars Herre eftersom Han var lydig intill döden med kärlek och tro.

Jakob var Abrahams barnbarn och han blev fader till nationen Israel. Han hade ett envist hjärta. Han tog sin broder Esaus förstfödslorätt genom att lura honom, och han flydde till Haran. Han tog emot Guds löfte i Betel.

1 Mosebok 28:13-15 säger, *"... det land där du ligger skall jag ge åt dig och dina efterkommande. Din avkomma skall bli som stoftet på jorden och du skall utbreda dig åt väster och öster, norr och söder, och genom dig och din avkomma skall alla folkslag på jorden bli välsignade. Och se, jag är med dig och skall bevara dig vart du är går, och jag skall föra dig tillbaka till detta land. Jag skall inte överge dig intill dess att jag har gjort vad jag har lovat dig."* Jakob höll ut under 20 år i sina prövningar och till slut blev han alla israeliters fader.

Josef var Jakobs elfte son, och han fick all sin fars kärlek bland alla bröder. En dag såldes han som slav till Egypten, genom sina egna bröders händer. Han blev slav i ett främmande land, men han tappade inte modet för det. Han gjorde hela tiden sitt bästa och blev erkänd av sin herre för sin trohet. Hans situation förbättrades och han fick ta hand om sin herres hela hushåll, men så hände det att han blev felaktigt anklagad för något och kastad i fängelset för politiska fångar. Det kom prövningar efter prövningar.

Allt som hände honom var förstås i Guds nåd att förbereda honom på att bli Egyptens premiärminister. Men ingen visste det förutom Gud. Trots det tappade Josef inte modet ens i fängelset, eftersom han hade tro, och han trodde på Guds löften som han hade fått i sin barndom. Han trodde att Gud skulle uppfylla hans drömmar om solen och månen och elva stjärnor som bugade sig inför honom, och han tvivlade inte oavsett vad som hände. Han litade helt och hållet på Gud, och höll ut i alla situationer och följde den rätta vägen i enlighet med Guds Ord. Hans tro var en sann tro.

Vad skulle du ha gjort om du var i samma situation? Kan du föreställa dig vad han tänkte under de 13 åren som slav? Du skulle kanske ha bett så mycket inför Gud för att komma ut ur situationen. Du skulle förmodligen rannsaka dig själv och omvända dig från allt du skulle komma att tänka på för att kunna ta emot svar från Gud. Du skulle också be om Guds nåd under många tårar och med uppriktiga ord. Och om du ändå inte fick svaret på ett, två eller till och med tio år, utan i stället bara hamnade i fler och fler svårigheter, hur skulle du känna dig då?

Sina bästa år tillbringade han i fängelset och när han såg dagarna passera meningslösa förbi kunde han ha känt sig deprimerad, om han inte hade haft den tron han hade. Om han hade tänkt på det goda livet hos sin far, skulle han mått ännu sämre. Men Josef litade alltid på Gud som vakade över honom, och han höll stadigt fast vid tron på Guds kärlek som ger det bästa i den rätta tiden. Han förlorade aldrig hoppet ens i deprimerande prövningar, och han handlade utifrån trohet och godhet och med tålamod till dess hans dröm blev sann.

David var också erkänd av Gud som en man efter Guds eget hjärta. Men till och med efter att han hade blivit smord till kung var han tvungen att gå igenom många prövningar som inkluderade att bli jagad av kung Saul. Många gånger var han nära döden. Men genom att hålla ut i dessa svårigheter med tro blev han till slut en stor kung som kunde styra över hela Israel.

Jakob 1:3-4 säger, *"Ni vet ju att när er tro sätts på prov, så gör prövningen er uthålliga. Men låt er uthållighet visa sig i fullbordad gärning, så att ni är fullkomliga och hela, utan brist i något avseende."* Jag uppmanar er att kultivera detta tålamod helt och hållet. Detta tålamod kommer att få din tro att växa och göra ditt hjärta bredare och djupare och på det sättet föra dig till mer mognad. Du kommer att uppleva Guds välsignelser och svar som Han har lovat att ge dig om du blir fullkomlig i tålamodet (Hebreerbrevet 10:36).

## Tålamod för att komma till himmelriket

Vi behöver tålamod för att komma till himmelriket. En del säger att de ska njuta av världen medan de är unga, och sedan, när de blir äldre, ska de börja gå i kyrkan. Andra lever ett tag med uthållighet i tro med hopp om Herrens tillkommelse, men sedan förlorar de sitt tålamod och förändrar sig. När Herren inte kommer så fort som de förväntade det, känner de att det är för svårt att fortsätta att vara ihärdiga i tron. De säger att de behöver vila och inte kan omskära sina hjärtan och göra Guds verk hela tiden, och att när de är säkra på att de ser tecknen på Herrens ankomst, då kommer de komma tillbaka igen.

Men ingen vet när Gud kallar på vår ande, eller när Herren kommer tillbaka. Även om vi fick veta om det i förväg, skulle vi inte kunna ha så mycket tro vi vill ha. Man kan inte bara få andlig tro för att ta emot frälsning när man själv vill ha den. Tron ges bara genom Guds nåd. Fienden djävulen och Satan kommer inte heller att låta dem få frälsningen så lätt. Men om du har hopp om att komma in i Nya Jerusalem i himlen, kommer du kunna ha tålamod i allt.

Psaltaren 126:5-6 säger: *"De som sår med tårar skall skörda med jubel. Gråtande går de ut och bär sitt utsäde. Med jubel kommer de åter och bär sina kärvar."* Det kommer med all säkerhet vara med kraftansträngningar, tårar och klagan vi sår säden och ser den börja växa. Ibland kanske inte regnet kommer, kanske kommer en orkan eller för mycket regn som förstör växten. Men till slut kommer vi med all säkerhet att få en överväldigande skörd efter Guds rättvisa lagar.

Gud väntar ett tusen år som om det vore en dag för att få sanna barn och Han bar smärtan när Han gav sin enfödde Son för oss. Herren utstod lidandet på korset och den Helige Ande ber med suckar utan ord under hela mänsklighetens kultivering. Jag hoppas att ni kommer kultivera fullständigt, andligt tålamod och komma ihåg denna kärlek från Gud så att ni kan få välsignelsernas frukter både här på jorden och i himlen.

**Lukas 6:36**

*"Var barmhärtiga så som er Fader är barmhärtig."*

*Sådant är lagen inte emot*

*Kapitel 6*

# Vänlighet

Förstå och förlåta andra med frukten vänlighet
Behöva ha ett hjärta och handlingar som är som Herrens
Göra sig av med fördomar för att ha vänlighet
Barmhärtighet för dem som har det svårt
Peka inte så snabbt finger åt andras misstag
Var generös mot alla
Egenskapen att kunna berömma andra

Vänlighet

Ibland säger en del att de inte kan stå ut med en viss person trots att de har försökt att förstå honom, eller att de har försökt att förlåta en person men inte klarat av det. Men om vi har frukten vänlighet i våra hjärtan, kommer det inte finnas något som vi inte kan förstå eller någon vi inte kan förlåta. Vi kommer förstå alla med godhet och acceptera alla slags personer med kärlek. Vi kommer inte säga att vi inte tycker om den och den på grund av det och det, medan den och den tycker vi om på grund av det eller det. Vi kommer inte ha något otalt med någon eller känna oss negativa mot någon, och för att inte förglömma, inte ens tänka att man har någon fiende.

## Förstå och förlåta andra med frukten vänlighet

Vänlighet är en kvalitet man har eller ett tillstånd man befinner sig i. Men den andliga betydelsen av vänlighet är till viss del närmare ordet barmhärtighet. Och den andliga betydelsen av barmhärtighet är "att i sanning förstå även de som inte alls kan förstås av människor." Det är också hjärtat som i sanning kan förlåta även de som inte kan förlåtas av människor. Gud har medlidande med mänskligheten med ett hjärta fullt av barmhärtighet.

Psaltaren 130:3 säger, *"Om du HERRE, tillräknar missgärningar, Herre, vem kan då bestå?"* Som det står, om Gud inte hade barmhärtighet utan i stället dömde oss efter rättvisan, då skulle ingen kunna bestå inför Honom. Men Gud förlät och accepterade till och med dem som varken skulle ha kunnat bli förlåtna eller accepterade om rättvisan hade tillämpats på ett strikt sätt. Gud gav dessutom sin enfödde Son för att frälsa människorna från evig död. När vi har blivit Guds barn genom att tro på Herren, vill Gud att vi ska kultivera barmhärtiga hjärtan. Det är därför Gud säger i Lukas 6:36, *"Var barmhärtiga så som er Fader är barmhärtig."*

Denna barmhärtighet liknar betydelsen av kärlek men skiljer sig samtidigt på många olika plan. Andlig kärlek kan offra sig själv för andra utan att begära något tillbaka, medan barmhärtighet är mer förlåtelse och acceptans. Det är att kunna acceptera och omfamna allt i en person och inte missförstå eller hata honom trots att han inte är värdig att få kärlek. Du kommer inte hata eller undvika någon bara för att ni har olika åsikter om något, utan i stället kan du bli en styrka och en tröst för honom. Om du har ett varmt hjärta som kan acceptera andra, kommer du inte avslöja deras missgärningar eller fel utan överskyla dem och acceptera dem så att du kan ha en underbar gemenskap med dem.

En händelse som verkligen visar tydligt på hur ett hjärta med barmhärtighet är var denna: En gång bad Jesus hela natten på Olivberget och följande morgon gick Han till templet. Många människor hade samlats och Han satte sig ner. Då började det bli oroligt för Han predikade Guds Ord. Det var några skriftlärda och fariséer bland folkmassan som förde fram en kvinna till Jesus. Hon skakade av fruktan.

De berättade för Jesus att kvinnan hade tagits på bar gärningar i äktenskapsbrott, och frågade Honom vad Han tänkte göra med henne, eftersom lagen kräver att en sådan kvinna måste stenas till döds. Om Jesus hade sagt åt dem att stena henne, skulle det inte ha varit i enlighet med Hans undervisning "Älska era fiender."

Och om Han hade sagt att de skulle förlåta henne, skulle det vara att våldföra sig på lagen. Det verkade som om de fått Jesus i en rävsax. Men Jesus bara böjde sig ner och skrev på marken och sa som det står i Johannes 8:7, *"Den som är utan synd må kasta första stenen på henne."* De fick stygn i sina hjärtan och gick därifrån en efter en. Till slut var det bara Jesus kvar med kvinnan.

I Johannes 8:11 sade Jesus till henne, *"Inte heller jag dömer dig. Gå, och synda inte mer!"* Genom att säga *"inte heller jag dömer dig"* betyder det att Han förlät henne. Jesus förlät en kvinna som inte kunde förlåtas och gav henne en chans att omvända sig från sina synder. Detta är ett hjärta med barmhärtighet.

## Behöva ha ett hjärta och handlingar som är som Herrens

Barmhärtighet är att i sanning förlåta och älska till och med sina fiender. Precis som en mor bryr sig om sitt nyfödda barn, borde vi acceptera och omfamna alla människor. Även för människor som har gjort stora, allvarliga synder, behöver vi först visa barmhärtighet hellre än dom eller en fördömande attityd. Vi måste hata synderna, men inte syndaren; då kommer vi kunna förstå personen och försöka låta honom få leva.

Tänk dig ett barn med mycket svag kropp som ofta blir sjuk. Vad känner mamman för barnet? Hon börjar inte förebrå honom för att han föddes på det sättet eller varför han ger henne så mycket problem. Hon hatar barnet på grund av det. I stället ger hon mer kärlek och har mer barmhärtighet med honom, mer än till andra som är friska.

Det var en gång en mamma vars son var utvecklingsstörd. Fram tills han blev tjugo år var hans mentala ålder som en 2-åring, och mamman kunde inte släppa honom med blicken. Men trots det upplevde hon inte att det var svårt att ta hand om sin son. Hon kände bara sympati och barmhärtighet för honom i sin omsorg för honom. Om vi bär denna frukt barmhärtighet fullständigt, kommer vi inte bara ha barmhärtighet med våra egna barn utan med alla människor.

Under sin offentliga tjänst predikade Jesus evangeliet om himmelriket. Hans huvudsakliga publik var inte rika och mäktiga människor; utan de som var fattiga, förkastade, och dem som av andra ansågs vara syndare, som skatteindrivare och prostituerade.

Det var samma sak när Jesus utvalde sina lärjungar. Man hade kunnat tycka att det hade varit vist att välja lärjungar bland dem som var väl insatta i Guds Lag, eftersom det borde vara lättare att lära dem Guds Ord. Men Jesus valde inte sådana. Han valde som sina lärjungar Matteus, som var skatteindrivare, och Petrus, Andreas, Jakob och Johannes som alla var fiskare.

Jesus botade alla slags sjukdomar. En dag botade Han en som hade varit sjuk i 38 år och som väntat på att vattnet skulle röras upp i Betestadammen. Han levde med smärta utan något hopp om livet, men ingen fäste någon uppmärksamhet på honom. Men Jesus kom och frågade honom, "Vill du bli frisk?" och botade honom.

Jesus botade också en kvinna som hade haft blödningar i tolv år. Han öppnade den blinde tiggaren Bartimeus ögon (Matteus 9:20-22; Markus 10:46-52). På vägen till en stad som hette Nain, mötte Han en kvinna vars ende son hade dött. Han hade barmhärtighet med henne och uppväckte sonen från de döda (Lukas 7:11-15). Han letade dessutom efter dem som var betryckta. Han blev vän med de förkastade som till exempel skatteindrivare och syndare.

Somliga kritiserade Honom för att Han åt med syndare och sade, *"Varför äter er mästare med publikaner och syndare?"* (Matteus 9:12-13). Men Han lärde oss att ha ett hjärta med barmhärtighet och medlidande för syndarna och de sjuka.

Jesus kom inte bara för de rika och rättfärdiga utan framför allt för de fattiga och de sjuka och syndarna. Om vi lär oss av det hjärta och de gärningar som Jesus gjorde kan vi snabbt bära frukten vänlighet som också kan kallas barmhärtighet. Låt oss nu titta på vad vi ska göra för att bära frukten barmhärtighet.

## Göra sig av med fördomar för att ha vänlighet

Världsliga människor dömer ofta andra efter utseendet. Deras attityder förändras beroende på om de tror att de andra är rika och berömda eller inte. Guds barn får inte döma människor efter deras utseende eller ändra sina attityder i hjärtat bara för att någon är på ett visst sätt. Vi måste till och med se på de små barnen och de som verkar ha lägre status, att de är bättre än oss själva och betjäna dem med ett hjärta likt Herrens.

Jakobs brev 2:1-4 säger, *"Mina bröder, ni kan inte tro på vår Herre Jesus Kristus, den förhärligade, och på samma gång göra skillnad på människor. Anta att det vid er sammankomst kommer in en man i vackra kläder och med guldring på fingret och samtidigt en fattig man i smutsiga kläder. Om ni då ser till den vackert klädde och säger: 'Var så god och sitt, här är en bra plats', men till den fattige: 'Du kan stå där' eller: 'Sätt dig vid mina fötter', har ni då inte kommit i strid med er själva och blivit domare som dömer partiskt?"*

Även 1 Petrusbrevet 1:17 säger, *"Om ni ropar 'Fader' till honom, som opartiskt dömer var och en efter hans gärning, så vandra här i gudsfruktan under er tid som främlingar."*

Om vi bär frukten vänlighet, kommer vi inte att döma eller fördöma andra efter deras utseende. Vi behöver också kontrollera om vi har fördomar eller partiskhet i en andlig bemärkelse. Det finns människor som tar längre tid på sig att förstå andliga ting. Andra har svagheter i kroppen som gör att de talar eller gör något som inte passar in i den givna situationen. Återigen andra handlar på ett sätt som inte är passande inför Herren.

Känner du dig frustrerad när du har med sådana personer att göra? Har du sett ner på dem eller velat undvika dem någon gång? Har du gjort någon generad någon gång genom aggressiva ord eller ohövligt beteende?

Vissa människor talar också illa om andra som om de hade rätt att döma den som har begått en synd. När kvinnan som hade begått äktenskapsbrott fördes inför Jesus var det många som pekade finger mot henne med en fördömande attityd. Men Jesus fördömde henne inte utan gav henne en chans till frälsning. Om du har ett sådant vänligt och barmhärtigt hjärta, kommer du ha medlidande för dem som blir straffade för sina synder, och du kommer att önska att de ska orka ta sig igenom.

## Barmhärtighet för dem som har det svårt

Om vi är barmhärtiga kommer vi kunna ha medlidande med dem som har det svårt och tycka om att hjälpa dem. Vi kommer inte bara tycka synd om dem och säga, "Fatta mod och var stark!" med våra läppar. Vi kommer att erbjuda dem någon slags hjälp.

1 Johannes brev 3:17-18 säger, *"Om någon har denna världens tillgångar och ser sin broder lida nöd men stänger sitt hjärta för honom, hur kan då Guds kärlek förbli i honom? Kära barn, låt oss älska, inte med ord eller fraser utan i handling och sanning."* Och i Jakobs brev 2:15-16 står det, *"Om en broder eller syster inte har kläder och saknar mat för dagen och någon av er säger till dem: 'Gå i frid, klä er varmt och ät er mätta', men inte ger dem vad kroppen behöver, vad hjälper det?"*

Du ska inte tänka, "Oh, det är synd om han som är hungrig, men jag kan inte riktigt göra något för jag har bara så det räcker åt mig själv." Om du verkligen kände medlidande med honom utifrån ett sant hjärta, kan du dela med dig och till och med ge det du skulle ha till dig själv. Om någon tror att det han går igenom hindrar honom från att hjälpa andra, är det mycket troligt att han inte kommer hjälpa ens om han blir rik.

Det här handlar inte bara om materiella ting. När du ser någon som lider, oavsett vad det är, behöver du ha en villighet att vara till hjälp och dela personens smärta. Det är barmhärtighet. Du ska särskilt bry dig om dem som är på väg till helvetet eftersom de inte tror på Herren. Om du har barmhärtighet gör du ditt bästa att leda dem till frälsningsvägen.

I församlingen Manmin Central Church har det sedan starten

skett mäktiga gärningar genom Guds kraft. Men ändå ber jag om starkare kraft och överlåter hela mitt liv till att den kraften ska synas. Det beror på att jag själv har lidit i fattigdom, och jag vet vad det är att uppleva smärtan och hopplösheten i sjukdomar. När jag ser dessa människor lida i sådana problem, känner jag deras smärta som om den vore min egen, och jag vill hjälpa dem på allra bästa sätt jag kan.

Jag längtar efter att lösa deras problem och rädda dem från straffen i helvetet och leda dem till himlen. Men hur kan jag ensam hjälpa så många människor? Svaret jag fick är Guds kraft. Även om jag inte kan lösa alla problem som fattigdom, sjukdom, och så mycket annat, kan jag hjälpa dem att möta och uppleva Gud. Det är därför jag försöker manifestera större kraft från Gud, så att fler kan möta och uppleva Gud.

Att manifestera kraften är givetvis inte fullheten i frälsningsprocessen. Även fast de kommer få tro genom att se kraften, måste vi också ha omsorg om dem fysiskt och andligt tills de kan stå stadigt i tron. Det är därför jag gör mitt bästa för att se till att alla behövande får hjälp, även när vår egen församling har ekonomiska problem. Det är för att de behövande ska kunna marschera mot himlen med mer styrka. Ordspråksboken 19:17 säger, *"Den som ömmar för den fattige lånar åt HERREN och får lön av honom för det goda han har gjort."* Om du tar hand om själarna med samma hjärta som Herren har, kommer Gud sannerligen ge dig sina välsignelser tillbaka.

## Peka inte så snabbt finger åt andras misstag

Om vi älskar någon, kommer vi ibland ge dem råd eller tillrättavisa dem. Om föräldrarna inte tillrättavisar sina barn alls utan hela tiden förlåter dem eftersom de älskar sina barn, kommer barnen bli bortskämda. Men om vi har barmhärtighet kommer vi inte så snabbt straffa, tillrättavisa, eller peka ut andras brister. När vi ger ett ord med råd gör vi det med ett bönefyllt sinne och bryr oss om personens hjärta. Ordspråksboken 12:18 säger, *"Ord från en tanklös kan hugga som svärd, de visas tunga ger läkedom."* Framför allt pastorer och ledare som undervisar troende måste komma ihåg dessa ord.

Det kanske är lätt för dig att säga, "Du har ett osant hjärta i dig, och det tycker inte Gud om. Du gör så här och så här, och andra kommer inte tycka om dig på grund av det." Även om det du säger är sant kommer det inte ge liv eftersom du pekade ut misstagen med din egen självrättfärdighet och ditt eget ramverk, och inte utifrån kärlek. Personen kommer inte att förändras på grund av det rådet, i stället kommer han bli sårad och ledsen och förlora modet.

Ibland ber församlingsmedlemmar mig om att säga vad de har för brister så att de kan inse dem och förändra sig själva. De säger att de vill förstå vad de inte är bra på och förändras. Om jag då väldigt försiktigt börjar säga något, stoppar de mig mitt i för att förklara, så att jag inte får utrymme att ge råd. Att ge råd är ingen lätt uppgift. Just i den stunden kanske de tar emot det med tacksamhet, men om de förlorar fullheten i Anden, är det ingen som vet vad som kan hända i deras hjärtan.

Ibland måste jag peka ut vissa saker för att Guds rike ska kunna gå framåt, eller för att låta människor ta emot lösningar på deras problem. Jag studerar deras ansikten med ett bönefyllt sinne och hoppas att de inte ska ta illa upp eller bli modfällda.

De gånger som Jesus tillrättavisade fariséerna och de skriftlärda med starka ord, kunde de inte acceptera Hans råd. Jesus gav dem en möjlighet så att åtminstone en av dem skulle lyssna och omvända sig. Och eftersom de var folkets lärare ville Jesus att de skulle komma till insikt och inte bli bedragna av sitt hyckleri. När det är absolut nödvändigt att ge råd, behöver du göra det med kärlek, och se saken från den andres synvinkel och ha omsorg om själen.

## Var generös mot alla

De flesta kan vara generösa med det de har till en viss grad till dem de älskar. Även de som är lättretade kan låna ut eller ge presenter till andra om de tror att de kan få något tillbaka. I Lukas 6:32 står det, *"Om ni älskar dem som älskar er, skall ni ha tack för det? Också syndare älskar dem som visar dem kärlek."* Vi kan bära frukten barmhärtighet när vi kan ge oss själva utan att förvänta oss något tillbaka.

Jesus visste från början att Judas skulle förråda Honom, men Han behandlade honom på samma sätt som de andra lärjungarna. Han gav honom många chanser att omvända sig. Även när Han korsfästes bad Jesus för dem som korsfäste Honom. Lukas 23:34 säger, *"Fader, förlåt dem, ty de vet inte vad de gör."* Det är med denna barmhärtighet vi kan förlåta till och med dem som inte alls kan förlåtas.

I Apostlagärningarna läser vi om Stefanus som också hade frukten barmhärtighet. Han var ingen apostel, men fylld av nåd och kraft från Gud. Stora tecken och under skedde genom honom. De som inte tyckte om detta försökte diskutera med honom, men när han svarade med Guds visdom genom den Helige Ande, kunde de inte motsäga honom. Det står att folket såg hans ansikte, och det var likt en ängels (Apostlagärningarna 6:15).

Judarna skrek och höll för öronen när de hörde Stefanus predikan, och till slut tog de honom utanför stadens murar och stenade honom till döds. Även när han var döende bad han för dem som kastade stenarna mot honom, *"Herre, ställ dem inte till svars för denna synd"* (Apostlagärningarna 7:60). Detta visar oss att han redan hade förlåtit dem. Han hade inget hat mot dem, utan bara frukten barmhärtighet tillsammans med medlidande för dem. Stefanus kunde manifestera sådana stora gärningar eftersom han hade ett sådant hjärta.

Hur väl har du kultiverat ett sådant hjärta? Finns det fortfarande någon som du inte tycker om eller någon som inte står på god fot med dig? Du borde kunna acceptera och omfamna andra även om deras personlighet eller åsikter inte passar med dina. Du borde se saken från den andres synvinkel. Då kommer du att kunna förändra dina känslor för den andra personen.

Om du bara tänker, "Var i all sina dar' gör han så för? Jag kan inte förstå honom", då kommer du bara vara negativt inställd till personen och känna obehag när du ser honom. Men om du tänker, "Ja, i hans position kan han handla så", då kan du förändra din negativa inställning mot honom. Om du i stället har barmhärtighet med personen som inte kan hjälpa att han gör så, då kommer du att be för honom.

När du förändrar dina tankar och känslor på det här sättet, kan du dra ut hatet och andra onda känslor en efter en från ditt hjärta. Om du vill hålla fast vid känslan att vilja vara envis, kommer du inte kunna acceptera andra. Du kan inte heller dra ut hatet eller andra negativa känslor ur dig. Du behöver göra dig av med din självrättfärdighet och förändra dina tankar och känslor så att du kan acceptera och betjäna alla slags personer.

## Egenskapen att kunna berömma andra

För att kunna bära frukten barmhärtighet, behöver vi ge beröm åt andra när de gör något bra, och vi behöver ta på oss skulden när något går fel. När någon annan blir erkänd och får beröm även om du också var med i arbetet, kan du ändå glädja dig med honom som om det vore din egen lycka. Du kommer inte känna dig obekväm och tycka att du jobbade mer och att den där personen som fick berömmet har så många fel och brister. Du kommer bara vara tacksam och tänka att det kan hjälpa honom att få mer självförtroende och kunna arbeta hårdare efter att han fått det där berömmet.

Om en mamma gör något tillsammans med sitt barn och bara barnet får belöningen, hur känner mamman sig då? Det kommer inte finnas någon mamma som klagar och säger att hon minsann var den som hjälpte barnet att göra det ordentligt och klaga över att hon inte blev uppmärksammad. Det är också trevligt för mamman att höra från andra att hon är vacker, men hon blir gladare över att höra att hennes dotter är vacker.

Om vi har frukten barmhärtighet kan vi stå ut med vem som helst som tar sig förbi oss och berömma honom för det. Och vi kommer glädja oss tillsammans med honom som om det var vi själva som fick beröm. Barmhärtighet är en egenskap som Gud Fadern har, Han som är full av medlidande och kärlek. Inte bara barmhärtighet, men alla frukter från den Helige Ande finns i hjärtat hos denne fullkomlige Guden. Kärlek, glädje, frid, tålamod, och alla andra frukter är olika egenskaper i Guds hjärta.

För att därför kunna bära den Helige Andes frukter betyder det att vi måste sträva för att ha ett hjärta som Guds inom oss, och bli fullkomliga liksom Gud är fullkomlig. Ju mer frukterna mognar i er, desto mer älskvärda kommer ni att bli, och Gud kommer inte kunna hålla tillbaka sin kärlek till er. Han kommer glädja sig över er och säga att ni är Hans söner och döttrar som liknar Honom så mycket. Om ni blir Guds barn som behagar Honom, kan ni ta emot vad som helst som ni ber, och till och med sådant som ni hittills bara önskat i era hjärtan. Gud känner till det och svarar er. Jag hoppas att ni alla kommer bära den Helige Andes frukter helt och hållet och behaga Gud i allt, så att ni får överflöd av välsignelser och njuta av stor heder i himmelriket som barn som så fullkomligt liknar Gud.

**Filipperbrevet 2:5**

*"Var så till sinnes som Kristus Jesus var."*

*Sådant är lagen inte emot*

*Kapitel 7*

# Godhet

Frukten godhet
Söka godhet som stämmer överens med den Helige Andes vilja
Välj godhet i allt likt den goda samariten
Bråka inte och skryt aldrig
Krossa inte ett brutet strå och släck inte en rykande veke
Kraft att följa godheten i sanning

Godhet

En kväll gick en ung man i sjaskiga kläder till ett äldre par för att hyra ett rum. Paret tyckte synd om honom och hyrde ut rummet till honom. Men den unge mannen gick inte till arbetet utan spenderade hela dagarna med att dricka. De flesta hade valt att kasta ut honom och tro att han inte skulle kunna betala hyran. Men detta äldre par gav honom mat då och då, och uppmuntrade honom samtidigt som de predikade evangeliet. Han blev berörd av deras kärleksfulla handlingar, eftersom de behandlade honom som om han var deras son. Till slut accepterade han Jesus Kristus och blev en förnyad människa.

## Frukten godhet

Att älska de utslagna och de med låg social status till slutet utan att ge upp hoppet om dem är godhet. Frukten godhet är inget som bara finns i hjärtat utan den syns också i ens handlingar precis som den syntes genom det äldre paret.

Om vi bär frukten godhet, kommer vi kunna sprida Kristi väldoft överallt. Människor runt omkring blir berörda när de ser våra goda gärningar och prisar Gud.

"Godhet" är kvaliteter som visar sig i mjukhet, omtänksamhet, hjärtlighet och dygd. I andlig bemärkelse är det dock hjärtat som söker godheten i den Helige Ande, vilket är godhet i sanningen. Om vi till fullo bär frukten godhet, kommer vi ha Herrens hjärta som är rent och fläckfritt.

Ibland är det så att till och med otroende, som inte har tagit emot den Helige Ande, följer godheten till viss del i sina liv. Världsliga människor kan urskilja och döma om något är gott eller ont utifrån deras samveten. Om världsliga personer inte känner dåligt samvete för något tror de att de är goda och rättfärdiga. Men samvetet är inte likadant hos alla, det skiljer sig åt från person till person. För att förstå godheten som är Andens frukt, behöver vi först förstå människors samvete.

## Söka godhet som stämmer överens med den Helige Andes vilja

En del nya troende kommer ibland med kommentarer om predikan efter deras egen kunskap eller det egna samvetet och säger, "Det han sa stämmer inte med denna vetenskapliga teori." Men när de växer upp i tron och lär sig Guds Ord, börjar de inse att deras måttstock för att bedöma saker inte är korrekt.

Samvetet är standarden som avgör om något är gott eller ont, vilket är baserat på den natur man har. Den natur man har beror på vilken slags livsenergi man är född med och i vilken miljö man är uppvuxen i. De barn som föds med god livsenergi har en relativt god natur. Även människor som är uppvuxna i en god miljö, som hör och ser mycket bra saker, kommer troligast att forma ett gott samvete. Men den som är född med många onda influenser från sina föräldrar och kommer i kontakt med många onda ting, hans natur och samvete bli troligast ont.

Barn som till exempel får lära sig att vara ärliga kommer att känna samvetskval när de ljuger. Men de barn som växer upp bland lögnare kommer att tycka att det är helt normalt att ljuga. De tänker inte ens på att de ljuger. Och när man tänker att det är ok att ljuga, blir ens samvete så fläckat med ondska att man inte ens känner något samvetskval när man gör det.

Och även om barn har vuxit upp med samma föräldrar i samma miljö, kan man acceptera saker på olika sätt. En del barn lyder helt sonika sina föräldrar medan andra barn har väldigt starka viljor och tenderar att inte lyda. Även bland syskon som växer upp med samma föräldrar kommer samvetena att formas olika.

Samvetet formas olika beroende på vilken social och ekonomisk status som är gällande där man växer upp. Varje samhälle har olika värdesystem, och standarden för 100 år sedan, är inte densamma som för 50 år sedan och den som finns idag. På den tiden då man till exempel hade slavar hade man inte en tanke på att man gjorde fel när man slog slavarna och tvingade dem att arbeta. Och för ungefär 30 år sedan var det socialt oacceptabelt för kvinnor att exponera sina kroppar på tv. Som sagt, samvetena är olika och det som spelar in är individuella faktorer, miljön, och tiden man lever i. De som tror att de följer sitt samvete följer egentligen bara det de tror är rätt. Men man kan inte säga att det är att handla utifrån absolut godhet.

Men vi som tror på Gud har samma standard med vilken vi kan urskilja vad som är gott och ont. Vi har Guds Ord som standard. Denna standard förblir densamma igår, idag och i evighet. Andlig godhet är att ha denna sanning som vårt samvete och följa det. Det är villigheten att följa den Helige Andes vilja och söka godhet. Men att bara ha längtan att följa godheten är inte detsamma som att bära frukten godhet. Vi kan bara säga att vi bär frukten när den längtan att följa godheten demonstreras i fysisk handling.

Matteus 12:35 säger, *"En god människa tar ur sitt goda förråd fram det som är gott."* Ordspråksboken 22:11 säger också, *"Den som älskar hjärtats renhet och talar vänligt får kungen till vän."* Som det står i dessa verser kommer de som verkligen söker godheten på ett naturligt sätt ha goda handlingar som kan ses utifrån. Var de än är och vem de än möter, visar de generositet och kärlek med varma ord och handlingar. Precis som en person som sprayar parfym och så sprider en god doft, kommer de som har godhet att sprida Kristi väldoft.

En del människor längtar efter att kultivera ett gott hjärta, och därför följer de andliga personer och vill bli vän med dem. De njuter av att höra och lära sig sanningen. De blir lätt berörda och har lätt till tårar också. Men de kan inte kultivera ett gott hjärta bara för att de längtar efter det. Om man har hört och lärt sig något, måste man kultivera det i sitt hjärta och praktisera det. För om du bara gillar att vara nära goda människor och undvika dem som inte är goda, är det verkligen att längta efter godhet?

Det finns också saker att lära sig från dem som inte är särskilt goda. Även om du inte kan lära dig något av dem, kan du lära dig något från deras liv. Om det finns någon med hett temperament, kan du lägga märke till att han därför ofta hamnar i bråk och diskussioner. Från denna observation kan du lära dig varför du inte ska ha ett hett temperament. Om du bara håller dig nära de som är goda, kan du inte lära dig relativiteten i det du hör och ser. Det finns alltid något man kan lära sig från vem som helst. Du kanske tror att du verkligen längtar efter godhet och att lära dig och förstå saker, men du borde se på dig själv och ta reda på om du saknar handlingarna som gör att du samlar på dig godhet.

## Välj godhet i allt likt den goda samariten

Från och med nu ska vi titta lite mer i detalj på vad andlig godhet är, vilket är att sträva efter godhet i sanningen och i den Helige Ande. Andlig godhet är i själva verket ett mycket brett spektrum. Guds natur är godhet, och den godheten finns inbäddad i hela Bibeln. Men en vers där vi kan känna godhetens doft ordentligt är i Filipperbrevet 2:1-4.

*Om ni nu har tröst hos Kristus, uppmuntran av hans kärlek och gemenskap i Anden, om medkänsla och barmhärtighet betyder något, gör då min glädje fullkomlig genom att ha samma sinnelag och samma kärlek och genom att vara ett i själ och sinne. Var inte självupptagna och stolta. Var i stället ödmjuka och sätt andra högre än er själva. Se inte på ert eget bästa utan tänk på andras.*

En person som har burit andlig godhet söker godheten i Herren, därför kan han stödja sådant som han egentligen inte håller med om. En sådan person är ödmjuk och har inte någon fåfänga som gör att han vill synas eller bli erkänd. Även om andra inte är lika rika eller intelligenta som honom, kan han respektera dem i hjärtat och bli deras sanna vän.

Även om andra ställer till med problem för honom utan orsak, accepterar han dem bara med kärlek. Han tjänar dem och ödmjukar sig själv, och därför kan han ha frid med alla. Han kommer inte bara trogen i sina uppgifter utan också bry sig om andras slit. I Lukas kapitel 10 finns liknelsen om den goda samariten.

En man blev rånad på vägen från Jerusalem till Jeriko. Rånarna slet av honom kläderna och lämnade honom att dö. En präst gick förbi och såg att mannen var döende, men han gick bara förbi honom. En levit såg också honom, men också han gick bara förbi. Präster och leviter är de som känner Guds Ord och som tjänar Gud. De känner lagen bättre än någon annan. De känner också stolthet när de tänker på hur bra de tjänar Gud.

När de skulle följa Guds vilja visade de inte de handlingar de borde ha gjort. De skulle förstås kunna säga att de hade orsaker att inte hjälpa honom. Men om de hade haft godhet, skulle de inte bara ha struntat i en person som var i sånt desperat behov av deras hjälp.

Senare kom en samarit förbi och såg denne man som hade blivit rånad. Han tyckte synd om honom och förband mannens sår. Han lyfte upp honom på sin åsna och tog honom till ett värdshus och bad värdshusvärden att ta hand om honom. Följande dag gav han värdshusvärden två denarer och lovade att han på sin väg tillbaka skulle betala mer om det behövdes.

Om samariten hade tänkt själviska tankar skulle han inte haft någon orsak att göra det han gjorde. Han var för upptagen, kan kunde förlora värdefull tid och pengar om han blev involverad i en främlings angelägenheter. Han skulle ha kunnat ge honom första hjälpen bara, och han hade inte behövt be värdshusvärden om att ta hand om honom eller ens säga att han kunde betala om det kostade något extra utöver det han redan hade gett.

Men på grund av att han hade godhet, kunde han inte bara strunta i personen som var döende. Även om det skulle innebära förlust i tid och pengar, och även om han var upptagen, kunde han inte bara bortse från denne person som var i desperat behov av hans hjälp. När han inte själv kunde hjälpa honom mer, såg han till att en annan kunde det. Men om han hade gått förbi honom och inte hjälpt på grund av personliga orsaker, precis som de andra, skulle denne samariern förmodligen haft dåligt samvete i sitt hjärta.

Han skulle ha fortsatt att ifrågasätta sina motiv, vara arg på sig själv och tänka, "Jag undrar vad som har hänt med den där mannen som var skadad. Jag skulle ha hjälpt honom även om jag hade förlorat på det. Gud såg mig och hur kunde jag göra så?" Andlig godhet är att inte kunna stå ut med att inte välja någon annan väg än godhetens. Även om man har en känsla av att någon försöker lura en, väljer vi ändå alltid godheten i allt.

## Bråka inte och skryt aldrig

En annan vers som låter oss lära känna vad andlig godhet är finns i Matteus 12:19-20. Vers 19 säger, *"Han skall inte tvista eller skrika. Hans röst skall ingen höra på gatorna."* Nästa vers, 20, säger, *"Ett brutet strå skall han inte krossa, och en rykande veke skall han inte släcka förrän han har fört rätten till seger."*

Det här handlar om Jesu andliga godhet. Jesus bråkade aldrig med någon under sin tjänst eller hade problem med någon. Alltsedan barnsben lydde Han Guds Ord, och under sin offentliga tjänst gjorde Han enbart gott, predikade evangeliet om himmelriket och botade de sjuka. Och ändå testade de onda Honom med många ord för att få en orsak att döda Honom.

Jesus visste hela tiden vilka onda intentioner de hade men Han hatade dem inte. Han försökte bara få dem att inse vad Guds sanna vilja var. Och när de inte kunde inse det alls började Han inte bråka på dem utan undvek dem bara i stället. Även när de förhörde Honom innan korsfästelsen bråkade Han inte eller diskuterade.

Efter ett tag kommer vi förbi stadiet av att vara novis i vår kristna tro, och vi lär oss Guds Ord till en viss grad. Vi ska inte snabbt höja rösten eller brista ut i ilska bara för att någon inte tycker som vi i en diskussion. Men att bråka är inte bara att höja rösten. Om vi har obekväma känslor mot någon på grund av skilda meningar, är det också att bråka. Vi kan kalla det för bråk eftersom friden i hjärtat är bruten.

Om det finns bråk i hjärtat finns orsaken till det i oss själva. Bråket beror inte på att någon ställt till det för oss eller för att personen har gjort något som vi inte tyckte var rätt. Bråket beror på att våra hjärtan är för trångsynta för att acceptera dem, vilket i sin tur beror på att vi har ett ramverk i våra tankar som sätter oss på kollisionskurs med många.

En bit mjuk bomull gör inget ljud ifrån sig när det slår emot något. Även om man skakar ett glas som innehåller rent och friskt vatten, fortsätter vattnet att vara rent och friskt. Det är samma sak med människans hjärta. Om sinnesfriden är bruten och obekväma känslor har kommit upp till ytan på grund av något, beror det på att det fortfarande finns ondska i hjärtat.

Det står att Jesus inte skrek, så vad är det som gör att andra gör det? Det beror på att de vill synas och hävda sig. De skriker för att de vill bli erkända och betjänade av andra människor.

Jesus manifesterade stora märkvärdiga gärningar som att

uppväcka de döda och öppna blindas ögon. Men ändå förblev Han ödmjuk. Och när man hånade Honom på korset, lydde Han bara Guds vilja, ända till döden, för Han hade inga planer på att hävda sig själv (Filipperbrevet 2:5-8). Det står också att ingen kunde höra Hans röst på gatorna. Det betyder att Hans uppförande var perfekt. Han var fullkomlig i att uthärda, både i sin attityd, och i sitt sätt att tala. Hans extrema godhet, ödmjukhet och andliga kärlek som fanns djupt inne i Hans hjärta syntes tydligt på utsidan.

Om vi bär frukten andlig godhet, kommer vi inte ha några konflikter eller problem med någon, på samma sätt som vår Herre inte hade några konflikter. Vi kommer inte att tala om andras fel och brister. Vi kommer inte försöka hävda oss själva eller höja rösten bland andra. Även om vi får lida oförtjänt, kommer vi inte att klaga.

## Krossa inte ett brutet strå och släck inte en rykande veke

När vi planterar ett träd eller en växt brukar vi vanligtvis skära av brutna grenar och löv. Och när en veke ryker är ljuset inte klart, och det kommer rök från den så man brukar släcka en sådan. Men de som har andlig godhet kommer inte att "krossa ett brutet strå eller släcka en rykande veke." Om det finns den minsta chans att de kan återhämta sig kan de inte skära av livsflödet utan försöker öppna upp en väg till livet för dem.

Här handlar "ett brutet strå" om dem som är fyllda av synder och denna världens ondska. Den rykande veken symboliserar de vars hjärtan är så fläckade av ondska att ljuset från deras själ håller på att dö ut. Det är knappast troligt att dessa människor som är som brutna strån och rykande vekar någon gång kommer att acceptera Herren. Även om de tror på Gud, kommer deras gärningar inte skilja sig från dem som är i världen. De kanske till och med talar emot den Helige Ande eller står emot Gud. På Jesu tid fanns det många som inte trodde på Jesus. Och fastän de såg så många fantastiska kraftgärningar, stod de ändå emot den Helige Andes gärningar. Ändå såg Jesus på dem med tro ända till slutet och öppnade möjligheter för dem att ta emot frälsning.

Nu för tiden finns det, även i kyrkorna, många människor som är likt brutna strån och rykande vekar. De säger, "Herre, Herre" med sina läppar men lever fortfarande i synd. En del av dem står till och med emot Gud. Med sin svaga tro, snavar de in i frestelse och slutar gå till kyrkan. Efter att de har gjort sådant som av församlingen ses som ont, blir de så generade att de lämnar församlingen. Om vi har godhet, behöver vi först och främst sträcka ut våra händer till dem.

Andra människor vill bli älskade och erkända i församlingen, men när det inte sker, kommer ondskan i dem ut. De blir avundsjuka på dem som är älskade av församlingsmedlemmarna och de som går framåt i anden, och talar illa om dem. De ställer inte upp på något som inte har initierats av dem själva, och de försöker alltid hitta fel på det som gjorts.

Även i dessa fall kommer de som har frukten andlig godhet att acceptera dessa människor som låter sin ondska välla ut. De försöker inte skilja på vad som är rätt eller fel, eller gott eller ont och sedan trycka ner dem. De smälter och berör deras hjärtan genom att behandla dem med godhet med ett sanningsenligt hjärta.

En del ber mig avslöja namnen på kyrkobesökare med underliggande motiv. De hävdar att om jag avslöjar det kommer inga församlingsmedlemmar bli lurade och sådana människor kommer inte komma till kyrkan mer. Ja, det kanske renar församlingen av att avslöja deras namn, men så förödmjukande det skulle vara för deras familjer och de som har tagit med dem till kyrkan? Om vi sorterar ut församlingsmedlemmar av olika orsaker kommer inte särskilt många att vara kvar. En av församlingens uppgifter är att förvandla även onda människor och leda dem till himmelriket.

De finns förstås människor som fortfarande växer i ondska, och de kommer att hamna på dödens väg även om vi visar dem godhet. Men även i dessa fall, behöver vi inte begränsa vår uthållighet och överge dem om de går över gränsen. Det är andlig godhet att försöka få dem att söka andligt liv ända till slutet utan att ge upp.

Vetet och agnarna ser nästan likadana ut, men agnarna är tomma inuti. Efter skörden samlar bonden in vetet i ladan och bränner agnarna. Eller så använder han det som gödsel. Det finns vete och agnar i kyrkan också. På utsidan kan alla se troende ut, men det är vetet som lyder Guds Ord medan agnarna är de som bara följer det onda.

Men precis som bonden väntar till skörden, väntar kärlekens Gud på dem som är som agnar ända till slutet att de ska ändra sig. Ända till den allra sista dagen måste vi ge andra chansen att bli frälsta, och se på alla med trons ögon, genom att kultivera godhet inom oss.

## Kraft att följa godheten i sanning

Du kanske känner dig lite förvirrad kring hur andlig godhet skiljer sig från andra andliga egenskaper. I liknelsen med den barmhärtiga samariten kan vi se att hans handlingar beskrivs som att han tänkte välgörande om mannen och att han var barmhärtig; och om vi inte bråkar eller höjer rösten, måste vi vara stilla och ödmjuka. Är då allt detta sådant som återfinns i andlig godhet?

Det är naturligtvis så att kärlek, välgörande tankar i hjärtat, barmhärtighet, frid och ödmjukhet alla hör till godheten. Som vi nämnde tidigare är godheten Guds natur och den innefattar oerhört mycket. Men de distinkta egenskaperna i den andliga godheten är längtan att följa godheten och styrkan att faktiskt praktisera den. Fokus ligger inte på barmhärtighet som att tycka synd om någon, eller själva handlingen när man hjälper. Fokus ligger på godheten med vilken samariten inte bara kunde gå förbi för han visste att han borde ha barmhärtighet med honom.

Att inte bråka eller höja rösten är en del i att vara ödmjuk. Men det som ingår i den andliga godheten är att vi inte kan störa friden eftersom vi följer den andliga godheten. I stället för att skrika och bli uppmärksammad, vill vi vara ödmjuka eftersom vi följer denna godhet.

Om du har frukten godhet samtidigt som du är trogen, kommer du inte bara kunna vara trogen i någon enstaka sak, utan betrodd i hela Guds hus. Om du struntar i någon av dina uppgifter, kan det hända att någon får lida skada för det. Guds rike kanske inte utbreder sig som det borde ha gjort. Om du därför har godhet i dig, kommer du inte vilja ha det så. Du kommer inte bara kunna strunta i det, och därför kommer du försöka vara trogen i hela Guds hus. Du kan tillämpa denna princip på alla andra andliga egenskaper också.

De som är onda kommer känna sig obekväma om de inte gör något som är ont. Efter hur mycket ondska de har kommer de känna sig tillfreds bara när de har gjort just så mycket ondska. För de som har vanan att avbryta någon medan de talar, kan de inte kontrollera sig själva om de inte får avbryta någons samtal. Även om de sårar andras känslor eller ställer till med problem för andra, kan de bara känna ett lugn i sig själva när de har fått göra det som de ville. Men om de kommer ihåg och försöker göra sig av med sina dåliga ovanor och attityder som inte stämmer överens med Guds Ord, kommer de kunna göra sig av med det mesta av det. Men om de inte försöker utan bara ger upp, kommer de förbli likadana även om det går 10-20 år.

Men de som har godhet är raka motsatsen. Om de inte följer godheten kommer de känna sig otillfredsställda som om de hade förlorat något, och de kommer att tänka på det hela tiden. Även om de förlorar på att följa godheten, kommer de inte vilja göra något som skulle kunna skada andra. Även om de inte tycker att det passar just då, kommer de ändå försöka hålla följa godheten.

Vi kan förstå detta hjärta från det Paulus sade. Han hade tro för att äta kött, men om det kunde orsaka en broders fall ville han inte äta något kött alls mer i sitt liv. På samma sätt väljer människor med godhet att inte njuta av något de hade kunnat njuta av, av den orsaken att det kanske kunde orsaka problem för andra. De ger upp det för den andres skull och blir lyckligare av det. De kommer inte kunna göra något som förödmjukar andra; och de kommer aldrig göra något som får den Helige Ande i dem att sucka.

Om du på samma sätt följer godheten i allt, betyder det att du bär frukten andlig godhet. Om du bär frukten andlig godhet, kommer du ha samma attityd som Herren. Du kommer inte göra något som kan få någon annan att snubbla och falla. Du kommer ha godhet och ödmjukhet även på utsidan. Du kommer bli respekterad för att du liknar Herren, och ditt uppförande och tal kommer vara fullkomligt. Du kommer bli älskad av andra och sprida Kristi väldoft.

Matteus 5:15-16 säger, *"Inte heller tänder man ett ljus och sätter det under skäppan, utan man sätter det på ljushållaren, så att det lyser för alla i huset. Låt på samma sätt ert ljus lysa för människorna, så att de ser era goda gärningar och prisar er Fader i himlen."* Även 2 Korinterbrevet 2:15 säger, *"Ty vi är en Kristi rökelse inför Gud bland dem som blir frälsta och bland dem som blir förtappade."* Därför hoppas jag att ni kommer att ge äran till Gud i allt genom att bära frukten andlig godhet snabbt och sprida Kristi väldoft till hela världen.

4 Mosebok 12:7-8

"... I hela mitt hus är han betrodd.

Jag talar ansikte mot ansikte med honom,

Tydligt och inte i gåtor,

Och han får se HERRENS gestalt.

*Sådant är lagen inte emot*

*Kapitel 8*

# Trohet

För att vår trohet ska bli uppmärksammad
Gör mer än vad som krävs
Var trogen i sanningen
Göra det som ens herre vill
Var betrodd i hela Guds hus
Trohet till Guds rike och rättfärdighet

Trohet

En man var på väg till ett främmande land. Medan han var borta behövde han hjälp med att ta hand om sina ägodelar, så han överlät jobbet åt sina tre tjänare. Han gav dem en talent, två talenter och fem talenter efter var och ens förmåga. Tjänaren som fick fem talenter gjorde affärer för sin herre och tjänade ytterligare fem talenter. Tjänaren som hade fått två talenter tjänade två till. Men den som bara hade fått en talent gick och grävde ner talenten i marken och gjorde ingen vinst.

Herren prisade tjänarna som hade tjänat in fem respektive två talenter till och gav dem belöningar och sade, *"Bra, du gode och trogne tjänare"* (Matteus 25:21). Men han tillrättavisade tjänaren som bara hade grävt ner talenten och sa, *"Du onde och late tjänare"* (v. 26).

Gud ger oss också många uppgifter efter vår förmåga, så att vi kan arbeta för Honom. Bara när vi fullgör våra uppgifter med hela vår styrka och det har hjälpt Guds rike, kan vi bli uppmärksammade som en "god och trogen tjänare."

## För att vår trohet ska bli uppmärksammad

Ordbokens definition på ordet "trohet" är "att kunna vara ståndaktig i tillgivenhet eller lojalitet, eller stadigt hålla fast vid löften eller i att fullföra sina skyldigheter" [fritt översatt till svenska, övers. anm.] Även i världen uppskattar man människor som är trogna.

Men den slags trohet som uppmärksammas av Gud skiljer sig från den som världsliga människor kan ha. Att bara fullgöra sina skyldigheter, det man förväntas göra, kan inte vara andlig trohet.

Även om vi gör allt med full styrka och till och med ger våra liv för något specifikt, är det inte fullständig trohet. Om vi fullför våra skyldigheter som fru, mamma, eller make, kan det då kallas trohet? Det är ju bara att göra det vi var tvungna att göra.

De som har andlig trohet är skatter i Guds rike och de sprider ljuvliga dofter. De sprider en doft av ett oföränderligt hjärta, doften av ståndaktig lydnad. Man kan jämföra det med den lydnad som en bra oxe har och doften från ett hjärta som det går att lita på. Om vi kan sprida dessa väldofter, kommer Herren också säga att vi är underbara och Han vill omfamna oss. Så var det med Mose.

Israels barn hade varit slavar i Egypten i mer än 400 år, och Mose fick uppgiften att leda dem till Kanaans land. Han var så älskad av Gud att Gud talade ansikte mot ansikte med honom. Han var betrodd i hela Guds hus och fullförde allt Gud befallde honom. Han hade ingen tanke på alla problem som han kanske skulle få ta hand om. Han var mer än trogen på alla områden i att fullgöra uppgiften som Israels ledare likväl som han var trogen sin egen familj.

En dag kom Moses svärfar Jetro till honom. Mose talade med honom om allt det underbara som Gud hade gjort för Israels folk. Följande dag såg Jetro något konstigt. Folket stod på kö från tidiga morgonen för att träffa Mose. De tog med sig diskussionerna till Mose för de kunde inte döma själva. Jetro kom således med ett förslag.

2 Mosebok 18:21-22 säger, *"Men välj ut åt dig dugliga män från allt folket, män som fruktar Gud, är pålitliga och hatar orätt vinning, och sätt dem till föreståndare för folket, somliga över tusen, andra över hundra, andra över femtio och andra över tio.*

*De skall alltid döma folket, men varje viktigt ärende skall hänskjutas till dig. I alla enklare mål skall de döma själva. Så skall du göra din börda lättare, genom att de bär den tillsammans med dig."*

Mose lyssnade på hans ord. Han insåg att hans svärfar hade en poäng och accepterade hans förslag. Mose valde ut män som hatade orätt vinning och satte dem till föreståndare för folket, somliga över tusen, över hundra, över femtio och över tio. De agerade som domare för folket i rutinärenden och enklare ärenden och Mose dömde bara i viktigare ärenden.

Man kan bära frukten trohet när man fullgör alla sina uppgifter med ett gott hjärta. Mose var trogen mot sina familjemedlemmar likväl som att tjäna folket. Han spenderade all sin tid och kraft, och det gjorde att han blev erkänd som en som var betrodd i hela Guds hus. 4 Mosebok 12:7-8 säger, *"Men så gör jag inte med min tjänare Mose. I hela mitt hus är han betrodd. Jag talar ansikte mot ansikte med honom, tydligt och inte i gåtor, och han får se HERRENS gestalt."*

Hur är då en person som har burit frukten trohet som är erkänd av Gud?

## Gör mer än vad som krävs

När arbetare får lön för sitt arbete, säger vi inte att de är trogna bara för att de har gjort det som förväntas av dem. Vi kan säga att de har gjort sitt jobb, men de gjorde bara det som de fick lön för att göra, så det går inte att säga att de är trogna. Men även bland avlönade arbetare finns det de som gör mer än vad de får betalt för. De gör det inte motvilligt eller tänker att de måste göra åtminstone det som de får betalt för. De fullgör sina uppgifter med hela sitt hjärta, sinne och själ, utan att tänka på vad det kostar dem i tid och pengar, eftersom längtan att göra det kommer inifrån hjärtat.

Det finns församlingsarbetare anställda på heltid men som gör mer än vad som förväntas av dem. De stannar kvar efter arbetsdagens slut och på helgdagar, och när de inte är i tjänst tänker de ändå på sina uppgifter de har hos Gud. De tänker alltid på hur de bättre kan tjäna församlingen och medlemmarna genom att göra mer än det som förväntas av dem. De tar också på sig uppgifter som cellgruppsledaren har i att ta hand om själarna. Det är detta som är trohet, att göra mer än vad som förväntas av en.

Också när det handlar om att ta ansvar, kommer de som bär frukten trohet att göra mer än vad de ansvarar för att göra. Som till exempel i Moses liv, han gav upp hela sitt liv när han bad om frälsning för Israels barn som hade begått synder. Vi kan se detta från hans bön i 2 Mosebok 32:31-32 där det står, *"O, detta folk har begått en stor synd. De har gjort sig en gud av guld. Men förlåt dem nu deras synd. Om inte, så utplåna mig ur boken som du skriver i."*

När Mose fullgjorde denna uppgift lydde han inte bara och gjorde det som Gud hade befallt honom att göra. Han tänkte inte "Jag har gjort mitt bästa för att ge dem Guds vilja, men de accepterade det inte. Jag kan inte hjälpa dem längre." Han hade samma hjärta som Gud och ledde folket med hela sin kraft och kärlek. Det var därför han kände det som om det var hans eget fel när folket begick synder, och han ville ta ansvar för det.

Aposteln Paulus sade samma sak. Romarbrevet 9:3 säger, *"Jag skulle önska att jag själv vore fördömd och skild från Kristus i mina bröders ställe – mina landsmän efter härstamning."* Men även om vi hör och vet hur trogna Paulus och Mose var, betyder det inte nödvändigtvis att vi själva har kultiverat trohet.

Även de som har tro och fullgör sina uppgifter skulle säga något annat än vad Mose sa, om de befann sig i samma situation som han. De kunde ha sagt, "Gud, jag har gjort mitt bästa. Jag tycker synd om folket, men det har varit så svårt att leda detta folk." Vad de verkligen säger är "Jag vet att jag har gjort allt jag borde göra." Eller kanske de oroar sig för att de ska tillrättavisas för deras synder, även om de själva inte var ansvariga. Ett sådant hjärta är långt ifrån trohet.

Det är givetvis inte bara vem som helst som kan be, "Förlåt dem deras synder. Om inte, utplåna mig från livets bok." Det betyder att om vi bär frukten trohet i våra hjärtan, kan vi säga att vi är ansvariga för det som har gått fel. Innan vi tänker att vi har gjort vårt bästa i allt, behöver vi först tänka på vilken inställning vi hade när uppgifterna gavs till oss första gången.

Vi ska också först tänka på Guds kärlek och omsorg för själarna och att Gud inte vill att de ska bli förgjorda, även om Han säger att Han ska straffa dem för deras synder. Vad är det då för slags bön vi ska offra till Gud? Vi behöver förmodligen säga från djupet av våra hjärtan, "Gud, det är mitt fel. Det var jag som inte ledde dem bättre. Ge dem en chans till, för min skull."

Detsamma gäller alla andra aspekter. De som är trogna

kommer inte bara att säga, "Jag har gjort tillräckligt" utan de kommer arbeta övertid med hela sitt hjärta. I 2 Korinterbrevet 12:15 säger Paulus, *"Jag för min del vill med glädje offra det jag har och själv låta mig offras för er skull. Skall jag då bli mindre älskad därför att jag älskar er så högt?"*

Paulus kände sig inte tvingad att ta hand om själarna och han gjorde det inte på ett ytligt sätt heller. Han tog gladeligen på sig sin uppgift och det var därför han sa att han kunde låta sig offras för andra själars skull.

Han offrade sig själv om och om igen, med fullständig överlåtelse till andra själar. Som i Paulus fall, är det sann trohet om vi kan fullgöra våra uppgifter på ett överflödande sätt med glädje och kärlek.

## Var trogen i sanningen

Om någon gick med i ett gäng och överlät hela sitt liv som ledare för gänget, kommer Gud säga att han är en trogen person? Självklart inte! Gud kan bara erkänna vår trohet när vi är trogna i godhet och sanning.

När kristna lever ett överlåtet liv i tro kommer de få olika uppgifter att göra. En del börjar starkt utföra sina uppgifter med brinnande iver, men så kommer de till en punkt då de plötsligt slutar. De har fått annat att tänka på, kanske på expansionen i företaget som de planerar. De kanske förlorar ivern för sin uppgift på grund av svårigheter i livet eller för att de vill undvika förföljelse från andra. Varför förändras man så här? Det beror på att man har struntat i den andliga troheten medan man har arbetat för Guds rike.

Andlig trohet är att omskära sitt hjärta. Det är att tvätta sitt hjärtas kläder regelbundet. Det är att göra sig av med alla slags synder, osanningar, ondska, orättfärdighet, laglöshet och mörker för att bli helig. Uppenbarelseboken 2:10 säger, *"Var trogen intill döden, så skall jag ge dig livets krona."* Att vara trogen intill döden betyder inte bara att vi fortsätter att arbeta hårt och troget ända tills vi dör fysiskt. Det betyder också att vi måste försöka uppnå Guds Ord i Bibeln helt och hållet, med hela vårt liv.

För att kunna uppnå andlig trohet, måste vi först kämpa mot synder ända till blods och hålla Guds befallningar. Den högsta prioriteten är att göra sig av med ondska, synd och osanningar som Gud hatar väldigt mycket. Om vi bara arbetar fysiskt hårt utan att omskära våra hjärtan, kan man inte kalla det för andlig trohet. Som Paulus sade "Jag dör dagligen", måste vi döda vårt kött fullständigt och bli helgade. Detta är andlig trohet

Det Gud Fadern längtar efter mest i oss är helighet. Vi måste inse detta och göra vårt bästa i att omskära våra hjärtan. Det betyder givetvis inte att vi inte kan ta på oss några uppgifter innan vi blivit helt helgade. Det betyder bara att den uppgiften vi har nu ska vi göra samtidigt som vi också uppnår helgelse.

De som hela tiden omskär sina hjärtan kommer inte förändras i sin trogna inställning. De kommer inte ge upp sina dyrbara uppgifter bara på grunda av svårigheter i vardagen eller ansättelse i hjärtat. Gudagivna uppgifter är ett löfte mellan oss och Gud, och vi får aldrig bryta våra löften till Gud på grund av några svårigheter.

Men vad händer om vi struntar i att omskära våra hjärtan? Vi kommer inte kunna bevara våra hjärtan när vi möter svårigheter och problem. Vi kanske överger den nära relationen till Gud och släpper taget om våra uppgifter. De arbetare som vacklar på det här sättet kan inte erkännas som trogna, även om de gör sitt arbete väldigt bra.

För att ha troheten som erkänns av Gud, måste vi ha andlig trohet också, vilket betyder att vi måste omskära våra hjärtan. Men omskärelsen av våra hjärtan i sig själv blir inte vår belöning. Att omskära sitt hjärta är ett måste för Guds barn som är frälsta. Men om vi gör oss av med synder och fullgör våra uppgifter med ett helgat hjärta, kan vi bära mycket större frukt än när vi fullgör dem med köttsliga sinnen. Det kommer också göra så att vi får mycket större belöningar.

Om du till exempel jobbar hårt som frivillig i kyrkan hela söndagen. Men så börjar du bråka med flera och bryter friden med dem. Om du tjänar församlingen och samtidigt klagar och känner förakt, kommer mycket av din belöning att utebli. Men om du tjänar församlingen med godhet och kärlek och skapar frid med andra, kommer allt ditt verk att bli en ljuvlig doft, acceptabel inför Gud, och alla dina gärningar kommer bli till belöningar.

## Göra det som ens herre vill

I församlingen måste vi göra det som Gud vill och har i sitt hjärta. Vi måste också vara trogna och lyda våra ledare i enlighet med ordningen i församlingen. Ordspråksboken 25:13 säger, *"Som snöns svalka på en skördedag är en pålitlig budbärare för den som sänt honom. Sin herres själ vederkvicker han."*

Även om vi är väldigt noggranna i vår tjänst, kan vi inte

tillfredsställa vår herres vilja om vi bara gör det vi själva vill. Låt oss säga att chefen på din arbetsplats säger till dig att stanna kvar på kontoret för att en viktig kund är på väg. Men du har arbetsrelaterade affärer ute på fältet som du tar hand om och det råkar ta hela dagen. Även om du har använt tiden för arbetsrelaterade saker kommer chefen inte se dig som trogen.

Orsaken till att vi inte lyder vår herres vilja är antingen för att vi följer våra egna idéer eller för att vi har självcentrerade motiv. Personen i exemplet verkar tjäna sin chef, men i själva verket gör han inte det med trohet. Han följer bara sina egna tankar och önskningar, och han har visat att han när som helst kan strunta i sin chefs vilja.

I Bibeln läser vi om en person som hette Joab som var släkt med kung David och general i hans armé. På den tiden då David jagades av kung Saul fanns Joab alltid vid Davids sida, genom alla faror. Han hade visdom och var modig. Han ordnade allt David som ville skulle göras. När han attackerade ammoniterna och intog deras stad var det praktiskt taget han som besegrade staden, men han lät David komma och inta den själv. Han tog ingen ära själv för att ha intagit staden utan lät David få äran.

Han tjänade David så bra på det här sättet, men David var inte helt tillfreds med honom. Det var för att han var olydig mot David när det passade honom. Han tvekade inte att vara oförskämd inför David när han ville uppnå sina egna mål.

En fiende till David, general Abner, kom för att ge sig inför David. David välkomnade honom och sände honom hem igen. Det var för att David insåg att han kunde få stabilitet i folket snabbare om han accepterade honom. Men när Joab senare förstod detta, följde han efter Abner och dödade honom. Han gjorde det för att Abner hade dödat hans bror i en tidigare strid. Han visste att han skulle försätta David i en besvärlig situation om han dödade Abner, men han bara följde sina egna känslor.

Också när Davids son Absalom gjorde uppror mot David bad David soldaterna som skulle strida mot Absaloms män att behandla Absalom med vänlighet. Trots att Joab hade hört ordern, dödade han Absalom. Kanske han tänkte att om de lät Absalom leva skulle han göra uppror igen, men till syvende och sist var Joab ändå olydig mot David och gjorde som det passade honom själv.

Även om han hade gått igenom alla svåra tider med kungen, var han olydig mot honom i en allvarlig situation, och David kunde inte lita på honom. Till slut gjorde Joab uppror mot kung Salomo, Davids son, och dödades. Även då ville han hellre utropa den person som han själv tyckte skulle bli kung, än att lyda Davids vilja. Han tjänade David i hela sitt liv, men i stället för att bli en historisk minnesvärd person, slutade han sitt liv som upprorsmakare.

När vi gör Guds verk, är det viktigare att vi följer Guds vilja än hur ambitiösa vi är när vi arbetar. Det tjänar inget till att vara trogen och samtidigt gå emot Guds vilja. När vi arbetar i församlingen, ska vi också följa våra ledare före vi följer våra egna idéer. På det här sättet kan fienden djävulen och Satan inte komma med några anklagelser och vi kommer alltid kunna ge äran till Gud till slutet.

# Var betrodd i hela Guds hus

Att "vara betrodd i hela Guds hus" betyder att man är trogen i alla aspekter som handlar om oss själva. I församlingen måste vi fullgöra vårt ansvar även när vi har många uppdrag. Även om vi inte har något speciellt uppdrag i kyrkan, är det en av våra uppgifter att vara närvarande när vi ska vara närvarande som medlemmar.

Alla har sina uppgifter, inte bara i kyrkan utan även på deras arbetsplatser och i skolan. På alla dessa områden ska vi se till att vi fullgör våra uppgifter som medlemmar. Att vara betrodd i hela Guds hus är att fullgöra alla våra uppgifter i våra liv; som Guds barn, som ledare eller medlemmar i församlingen, som medlemmar i familjen, som anställda på en arbetsplats, eller som studenter eller lärare i skolan. Vi ska inte bara vara trogna på ett eller två områden och strunta i de andra. Vi ska vara trogna på alla områden.

Man kanske tänker, "Jag har bara en kropp och hur kan jag kunna vara trogen på alla områden?" Men efter hur mycket vi förändras till ande, är det inte alls svårt att vara trogen i hela Guds hus. Om vi sår i anden kommer vi sannerligen skörda frukten, även om vi bara investerar en liten tid.

De som har förändrats till ande söker inte heller sitt eget bästa eller sin egen bekvämlighet utan tänker på det som är bra för andra. De ser saker från andras synvinkel först. Sådana människor kommer därför se till att de fullgör alla sina uppgifter, även om det innebär att de måste offra sig själva. Och efter den nivå som vi når i anden, kommer vårt hjärta bli fyllt med godhet. Och om vi är goda kommer vi inte bara vara benägna att se bara en sida. Så även om vi har många uppgifter, kan vi inte strunta i en enda av dem.

Vi ska göra vårt bästa för att ta hand om allt runt omkring oss, försöka bry oss om andra lite mer. Då kommer människor runt omkring oss att känna sanningsenligheten från våra hjärtan. Därför kommer de inte bli besvikna när vi inte kan vara med dem hela tiden utan i stället vara tacksamma för att vi bryr oss om dem.

Låt oss säga att en person har två uppgifter, hon är ledare i en av grupperna och bara medlem i den andra. Om hon har godhet och om hon bär frukten trohet, kommer hon inte att strunta i någon av dem. Hon kan inte bara säga, "medlemmarna i den ena gruppen kommer förstå varför jag inte är där eftersom jag är ledare för den andra gruppen." Om hon inte fysiskt kan vara med den ena gruppen, måste hon försöka vara till hjälp för den gruppen på något sätt och även i hjärtat. Vi kan också på samma sätt vara trogna i hela Guds hus och ha frid med alla efter hur mycket godhet vi har.

## Trohet till Guds rike och rättfärdighet

Josef såldes som slav till Potifars hus, kapten över det kungliga livgardet. Och Josef var så trogen och pålitlig att Potifar lämnade hela sitt hus i denne unge slavens händer och brydde sig inte om vad han gjorde. Det kunde han göra för att Josef gjorde sitt bästa även när det gällde minsta lilla ting och han hade ett hjärta för sin herre.

Guds rike behöver också många trogna arbetare som Josef på många områden. Om du har fått en specifik uppgift och du gör den så troget att din ledare inte ens behöver kontrollera vad du har gjort, då är du en stor tillgång för Guds rike!

Lukas 16:10 säger, *"Den som är trogen i smått är också trogen i stort, och den som är ohederlig i smått är också ohederlig i stort."* Även om han tjänade en mänsklig herre, arbetade Josef trogen med all sin tro på Gud. Gud lät inte det passera obemärkt, utan satte honom som premiärminister över Egypten.

Jag har aldrig tagit lätt på arbetet för Gud. Jag har alltid offrat nattböner även innan församlingen startades, men efter att församlingen startade har jag personligen bett från midnatt till 4 på morgonen och sedan lett gryningsbönemötet klockan 5. På den tiden hade vi inte Daniels bönemöte som vi har idag, som börjar klockan 21. Vi hade inte några pastorer eller cellgruppsledare, så jag var tvungen att leda alla gryningsbönemöten själv. Men jag missade aldrig en enda gång.

Jag behövde också förbereda predikningarna för söndagsmötena, onsdagsmötena och fredagens bönenätter, allt medan jag fortfarande gick på teologiska seminariet. Jag har aldrig skjutit mina uppgifter åt sidan eller överlåtit dem till någon annan bara för att jag var trött. När jag var färdig med utbildningen tog jag hand om sjuka människor eller gjorde hembesök hos medlemmarna. Många sjuka kom från hela landet. Varje gång jag besökte en församlingsmedlem lade jag ner min själ för att andligen tjäna dem.

Vid den tiden var en del studenter tvungna att byta buss två eller tre gånger för att komma till kyrkan. Nu har vi bussar i församlingen, men det hade vi inte då. Så jag ville att studenterna skulle kunna komma till kyrkan utan att behöva oroa sig för betalningen av bussbiljetten. Jag följde med studenterna till busshållplatsen efter gudstjänsten och gav dem pengar till bussbiljetten så att de kunde åka hem. Jag gav dem också så att de skulle ha råd att komma nästa gång också. Summan av det som kom in i offret i kyrkan var bara några tiotals dollar, och bussbiljetterna kunde inte betalas av kyrkan. Jag gav dem bussbiljetter från mina egna sparpengar.

När en ny person registrerade sig som medlem, såg jag den som en värdefull skatt, så jag bad för dem och betjänade dem med kärlek för att inte förlora en enda av dem. Det var därför som inte en enda av dem som registrerade sig på den tiden lämnade församlingen. Församlingen fortsatte att växa. Nu när församlingen har många medlemmar, har min trohet svalnat? Nej, inte alls! Min iver för själarna har aldrig svalnat.

Nu har vi fler än 10 000 församlingsgrenar över hela världen och många pastorer, äldstebröder, senior diakonissor och ledare för distrikt, mindre områden och cellgrupper. Och ändå har mina böner och min kärlek för själarna bara vuxit sig starkare och starkare.

Har din trohet inför Gud av någon anledning svalnat? Finns det någon bland er som förut hade gudagivna uppgifter, men som inte längre utför dem? Om ni har samma uppgifter nu som tidigare, har inte din iver för uppgiften svalnat? Om vi har sann tro, kommer vår trohet bara att växa när vi mognar i vår tro, och vi är trogna i Herren till att fullgöra Guds rike och att frälsa mängder med själar. Då kommer vi också ta emot mycket underbara belöningar i himlen senare!

Om Gud bara ville ha trohet i gärningar, skulle Han inte ha

skapat mänskligheten eftersom det finns mängder av himmelska härar och änglar som lyder mycket bra. Men Gud ville inte ha någon som lyder villkorslöst, som en robot. Han ville ha barn som är trogna i sin kärlek till Honom och vars kärlek flödar ut från djupet av deras hjärtan.

Psaltaren 101:6 säger, *"Mina ögon ser efter de trogna i landet, för att de skall bo hos mig. Den som vandrar på den fullkomliga vägen, han skall tjäna mig."* De som gör sig av med all slags ondska och blir betrodda i hela Guds hushåll kommer ta emot välsignelsen av att komma in i Nya Jerusalem, som är den allra vackraste boplatsen i himlen. Därför hoppas jag att ni kommer bli arbetare som är pelare i Guds rike och njuta av äran i att få vara nära Guds tron.

Sådant är lagen inte emot

Matteus 11:29

*"Ta på er mitt ok och lär av mig,*

*ty jag är mild och ödmjuk i hjärtat.*

*Då skall ni finna ro för era själar."*

*Kapitel 9*

# Mildhet

Mildhet för att acceptera många människor
Andlig mildhet kommer tillsammans med generositet
Egenskaper hos dem som har burit frukten mildhet
Att bära frukten mildhet
Kultivera god jord
Välsignelser för de milda

Mildhet

Överraskande många känner sig bekymrade över sitt heta temperament, sin depression eller över att man är extremt blyg eller extremt utåtriktad. En del tillskriver sådant som inte fungerar som de vill till sin personlighet och säger, "Jag kan inte hjälpa det, det är sån jag är." Men Gud skapade människan och det är inte svårt för Gud att förändra människans personlighet med sin kraft.

En gång dödade Mose en annan människa på grund av sitt heta temperament, men han förvandlades så mycket genom Guds kraft att han blev erkänd av Gud som den mest ödmjuka och mildaste person på jordens yta. Aposteln Johannes hade smeknamnet, "åskans son", men han förvandlades genom Guds kraft och fick namnet "den milda aposteln."

Om man är villig att göra sig av med ondska och plöja upp sitt hjärtas åker, kommer även de som har hett temperament, de som skryter, och de som är självcentrerade att förvandlas och kultivera mildhetens egenskaper.

## Mildhet för att acceptera många människor

I ordboken definieras ordet mildhet som en kvalitet eller ett tillstånd av att vara mild, mjuk, len eller skonsam. Människor som är timida, inåtvända eller blyga, eller de som inte kan uttrycka sig själva särskilt väl, kan verka vara milda. De som är naiva och de som inte alls blir arga på grund av låg intellektuell nivå kan verka milda i världens ögon.

Men andlig mildhet är inte bara att vara mild eller försiktig. Det är att ha visdom och förmågan att kunna urskilja vad som är rätt och fel, och på samma gång kunna förstå och acceptera alla eftersom det inte finns någon ondska inom en. Andlig mildhet är att vara generös tillsammans med att vara mild och ha en mjuk karaktär. Om du har denna hedervärdiga generositet, kommer du inte bara vara mild hela tiden, du kommer också ha en stabil värdighet när det är nödvändigt.

En mild persons hjärta är lent som bomull. Om man kastar en sten på bomull eller sticker den med en nål, kommer bomullet bara att omge objektet och omsluta det. Det spelar på samma sätt ingen roll hur andra behandlar en, de som är andligt milda kommer inte ha någon negativ inställning i sina hjärtan mot dem. De kommer med andra ord inte att bli arga eller känna sig obekväma, och de kommer inte vara orsak till att andra känner sig obekväma heller.

De kommer inte med dömande ord eller fördömer andra utan är förstående och accepterande. Människor känner sig bekväma i deras närvaro, och många kommer och finner ro i dem som är milda. De är som ett stort träd med många grenar dit fåglar kommer och bygger bon i och där de kan vila på grenarna.

Mose var en av dem som blev erkänd av Gud för sin mildhet. 4 Mosebok 12:3 säger, *"Mose var en mycket ödmjuk man, mer än någon annan människa på jorden."* Vid tiden för Uttåget var Israels söner fler än 600 000 vuxna män. Inkluderat kvinnor och barn måste det ha varit mer än två miljoner. Att leda en så stor skara människor skulle i sig själv ha varit en väldigt svår uppgift för en vanlig person.

Det var särskilt svårt med dessa människor som hade förhärdade hjärtan och före detta slavar i Egypten. Om du regelbundet blev slagen, fick höra ett hårt och ovårdat språk och utföra hårt slavarbete skulle du också bli tuff och hård. I detta tillstånd var det inte lätt att ingravera nåd i deras hjärtan eller att de skulle kunna älska Gud utifrån sina hjärtan. Det var därför som folket var olydigt mot Gud hela tiden även fast Mose visade dem så stora kraftgärningar.

Så fort de mötte minsta svårighet på vägen började de snart klaga och stå emot Mose. Bara utifrån det faktum att Mose klarade av att leda sådana människor i ödemarken i 40 år gör att vi förstår att han måste ha haft mycket andlig mildhet. Det hjärta Mose hade var andlig mildhet, vilket är en av den Helige Andes frukter.

## Andlig mildhet kommer tillsammans med generositet

Det kanske finns någon som tänker ungefär så här, "Jag blir inte arg, och jag tror att jag är mildare än andra, men jag tar egentligen inte emot svar på mina böner. Jag hör inte den Helige Andes röst särskilt väl heller." Då behöver du kontrollera dig själv om din mildhet är en köttslig mildhet. Människor kanske säger om dig att du är mild om du verkar vara mild och lugn, men det är bara köttslig mildhet.

Det Gud vill se är andlig mildhet. Andlig mildhet är inte bara att vara mild och skonsam utan den ska också gå ihop med en hedervärdig generositet. Tillsammans med hjärtats mildhet ska du också ha egenskapen hedervärdig generositet synlig på utsidan för att kunna kultivera andlig mildhet helt och hållet. Det kan jämföras med en person med fantastiska egenskaper som går klädd i en kostym som matchar hans karaktär. Om en person med god karaktär går runt naken utan kläder, kommer hans nakenhet bli honom till skam även om han har en god karaktär. På samma sätt är mildhet utan hedervärdig generositet inte komplett.

Hedervärdig generositet är som kläderna som får mildheten att skina, men det är inte samma sak som handlingar gjorda utifrån lagiskhet eller hyckleri. Om helighet inte finns i ditt hjärta, kan man inte säga att du har hedervärdig generositet bara för att man utåt har goda gärningar. Om du är benägen att visa rätta handlingar på utsidan i stället för att kultivera ditt hjärta, kommer du förmodligen snart att sluta inse dina brister och missta dig och tro att du har uppnått väldig andlig mognad.

Men även i denna värld finns det människor som bara har ett gott yttre uppförande men i sina hjärtan har de ingen god personlighet som vinner andras hjärtan. Så är det i tron också, om vi bara koncentrerar oss på de yttre handlingarna utan att kultivera det inre kommer det att vara meningslöst.

Det finns till exempel människor som handlar rätt men samtidigt är dömande och ser ner på andra som inte gör som de. De kanske också insisterar på deras egen standard när de har med andra att göra och tänker, "Det är så här man gör det som är rätt, varför gör de inte bara så här?" De kanske talar fina ord när de ger råd, men de är dömande mot andra i sina hjärtan, och de talar i sin egen självrättfärdiget och med negativ inställning. Människor kan inte finna vila i sådana personer. De kommer bara känna sig sårade och besvikna, så de kommer inte vilja vara nära sådana.

En del blir också arga och irriterade i sin egen självrättfärdighet och ondska. Men de hävdar att de har "helig vrede" och att de är arga på grund av vad andra har gjort. Men de som har en hedervärdig generositet kommer inte släppa friden i sinnet oavsett vad som händer runt omkring dem.

Om du verkligen vill bära den Helige Andes frukter helt och hållet, kan du inte bara övertäcka ondskan i ditt hjärta med yttre handlingar. Om du gör så, kommer det bara bli en uppvisning för andra människor. Du måste se på dig själv om och om igen och välja godhetens väg.

## Egenskaper hos dem som har burit frukten mildhet

När man ser de som är milda och har vidgade hjärtan, brukar man säga att de människorna har hjärtan som en ocean. Oceanen tar emot förgiftat vatten från floder och älvar och renar vattnet. Om vi kultiverar ett vidgat och milt hjärta som en ocean, kan vi leda även syndfläckade själar till frälsningens väg.

Om vi har generositet på utsidan tillsammans med mildhet på insidan, kan vi vinna många människors hjärtan, och vi kan uppnå stora ting. Låt mig nu ge er några exempel på de egenskaper som de som har burit frukten mildhet har.

**För det första, de uppträder med värdighet och är återhållsamma i sina handlingar.**

De som verkar ha ett milt temperament men i själva verket är obeslutsamma och tvekande, kan inte acceptera andra. Människor kommer att se ner på dem och utnyttja dem. I historien ser vi kungar som var milda i sin karaktär men som inte hade den hedervärdiga generositeten, så landet hade ändå ingen stabilitet. Senare i historien har man utvärderat honom och sett att han inte var mild utan snarare inkompetent och obeslutsam.

Å andra sidan finns det kungar i historien som har varit varma och milda i sin karaktär samtidigt som de har haft visdom som åtföljts av värdighet. Under sådana kungars styre hade landet stabilitet och folket fred. De som har både mildhet och hedervärdig generositet har en rättvis bedömningsstandard. De gör det som är rättvist genom att på ett korrekt sätt urskilja vad som är rätt och fel.

När Jesus renade templet och tillrättavisade fariséernas och de skriftlärdas hyckleri var Han väldigt hård och sträng. Han hade ett mjukt hjärta som inte krossade ett brutet strå eller släckte en rykande veke, men ändå tillrättavisade han folket skarpt när Han behövde. Om du har en sådan värdighet och rättfärdighet i hjärtat, kommer människor inte se ner på dig, även om du inte höjer rösten eller försöker bli sträng.

Det yttre uttrycket är också kopplat till att man har uppför sig på samma sätt som Herren och har fullkomliga gärningar i kroppen. De som har heder har värdighet, makt och tyngd i sina ord; de talar inte vårdslöst eller använder meningslösa ord. De klär sig i passande kläder för varje tillfälle. De har ett milt ansiktsuttryck och är inte bryska eller kalla.

Tänk dig till exempel en person som har oredigt hår och kläder, och hans yttre är ovärdigt. Han håller också på att skämta hela tiden och säger sådant som är meningslöst. Det är förmodligen väldigt svårt för en sådan person att få förtroende och respekt från andra människor. Andra människor kan inte bli accepterade eller omfamnade av honom.

Om Jesus hade skämtat hela tiden skulle Hans lärjungar också skämtat med Honom. När Jesus sedan ville lära dem något svårt, hade de omedelbart argumenterat och hållit fast vid sina egna åsikter. Men de vågade inte göra det. Även de som kom till Honom kunde inte riktigt argumentera med Honom på grund av den värdighet Han utstrålade. Jesu ord och handlingar hade alltid tyngd och värdighet, och därför tog man inte lätt på vad Han sade.

Ibland kan givetvis en överordnad i hierarkin dra ett skämt för sina underordnade för att lätta upp stämningen. Men om de underordnade skämtar tillsammans och uppför sig illa, betyder det att de inte riktigt vet vad de håller på med. Men om ledarna inte uppför sig rätt och är distraherade, kan de inte få förtroende från andra heller. Särskilt högrankade äldre ledare i ett företag måste uppföra sig ordentligt i attityd, ord och handling.

En överordnad i en organisation kanske har ett hedervärdigt språk och uppför sig respektfullt inför sina underordnade, men ibland, om en av hans underordnade visar överdriven respekt, kan den överordnade tala med vanligt språk och inte i specifika termer, för att få den underordnade att slappna av. Att inte vara överdrivet hövlig kan i stället få den underordnade att slappna av så att han lättare kan öppna sitt hjärta. Men bara för att den överordnade får sin underordnade att slappna av, betyder det inte att de med lägre rank ska börja se ner på sin överordnade och börja diskutera med honom eller inte göra som han säger.

Romarbrevet 15:2 säger, *"Var och en av oss skall tjäna sin nästa, till hans bästa och hans uppbyggelse."* Filipperbrevet 4:8 säger, *"För övrigt, bröder, allt som är sant och värdigt, rätt och rent, allt som är värt att älska och uppskatta, ja, allt som kallas dygd och förtjänar beröm, tänk på allt sådant."* På samma sätt kommer de som är hedervärdiga och generösa att uppföra sig rätt och de är hänsynsfulla så att folk känner sig bekväma med dem.

**För det andra, den milde handlar utifrån barmhärtighet och har medkänsla i sitt utvidgade hjärta.**

De som är milda hjälper inte bara de som har ekonomiska behov utan också de som är andligt svaga och trötta genom att trösta dem och visa dem nåd. Men även om de har mildhet i sig kommer det vara svårt att sprida Kristi väldoft om den mildheten bara stannar i deras hjärta.

Om en troende till exempel lider förföljelse för sin tro och en församlingsledare lägger märke till det, då känner han medkänsla för henne och ber för henne. Det kännetecknar en ledare som bara har medkänsla i sitt hjärta. Sedan finns det ledare som personligen uppmuntrar och tröstar henne och även med handlingar hjälper henne i hennes situation. De styrker henne så att hon kan övervinna den med tro.

För den som går igenom ett problem är det till större hjälp med en som ger faktiska handlingar än den som bara har medkänsla i hjärtat. När mildheten visar sig på utsidan i generösa handlingar, kan det ge nåd och liv till andra. När Bibeln därför säger att *"de ödmjuka ["milda" i engelska bibelöversättningen] skall ärva jorden"* (Matteus 5:5), går det hand i hand med trohet som visar sig i hedervärdig generositet. "Att ärva jorden" hör ihop med himmelska belöningar. För att ta emot himmelska belöningar behöver vanligtvis trohet finnas. När du tar emot ett uppskattningsbevis, ett diplom, en hedersbetygelse, eller belöning från församlingen för att du har evangeliserat, är det ett resultat av din trohet.

På samma sätt kommer de som är milda att ta emot välsignelser, men det kommer inte bara mildhet från det hjärtat. När det milda hjärtat uttrycks med hedervärdiga generösa handlingar, kommer man att bära frukten trohet. När man sedan får belöningar är det ett resultat på detta. När du därför accepterar och omfamnar många själar med generositet, tröstar dem och uppmuntrar dem och ger dem liv, kommer du ärva jorden i himlen genom sådana gärningar.

## Att bära frukten mildhet

Så, hur kan vi då bära frukten mildhet? Sammanfattningsvis ska vi kultivera våra hjärtan så att de blir god jord.

*Och han talade till dem i många liknelser. Han sade: "En såningsman gick ut för att så. Och när han sådde, föll en del vid vägen, och fåglarna kom och åt upp det. En del föll på stenig mark, där det inte hade mycket jord. Det sköt genast upp, eftersom det inte hade djup jord. Men när solen steg, förbrändes det och vissnade bort, därför att det inte hade någon rot. En del föll bland tistlar, och tistlarna växte upp och kvävde det. Men en del föll i god jord och bar frukt, hundrafalt och sextiofalt och trettiofalt"* (Matteus 13:3-8).

I Matteus kapitel 13 liknas hjärtat vid fyra olika jordmåner.

Det kan delas in i kategorierna vägen, stenig mark, tistlarna och den goda jorden.

**Hjärtats jordmån som liknas vid vägen måste bryta ner sitt självrättfärdiga och självcentrerade ramverk.**

Människor går på vägen och den är hård och därför kan frön inte sås där. Fröna kan inte slå rot och äts upp av fåglarna. De som har hjärtan som vägen har envisa sinnen. De öppnar inte sina hjärtan för sanningen och därför kan de inte möta Gud eller få tro.

Deras egen kunskap och värdesystem har blivit så fast förankrat att de inte kan acceptera Guds Ord. De har en stark uppfattning om att de själva har rätt. För att de ska kunna bryta ner sin självrättfärdighet och sina ramverk, måste de göra sig av med ondskan i sitt hjärta först. Det är svårt att bryta ner självrättfärdighet och ramverk om man har högmod, arrogans, envishet och falskhet. Sådan ondska kommer göra så att personen har köttsliga tankar som hindrar dem från att tro Guds Ord.

De som till exempel har samlat på sig falskhet i sina sinnen kan inte annat än att tvivla även om någon säger sanningen. Romarbrevet 8:7 säger, *"Köttets sinne är fiendskap med Gud. Det underordnar sig inte Guds lag och kan det inte heller."* Som det står, de kan inte säga "Amen" till Guds Ord och inte heller lyda det.

En del är väldigt envisa till en början, men när de tar emot nåd och deras tankar förändras, blir de väldigt ivriga i sin tro. Så är det med dem som är hårda på utsidan, men som på insidan har mjuka och milda hjärtan. Men vägen-människor är inte som dem. Även deras inre hjärtan är hårda. Ett hjärta som är hårt på utsidan men mjukt på insidan kan liknas vid ett tunt lager is, medan vägen kan liknas vid en damm vars vatten har frusit till is ända till botten.

Eftersom de med vägen-liknande hjärtan har blivit förhärdade med osanningar och ondska under en så lång tid, är det inte lätt att bryta ner det på en kort tid. Man måste fortsätta att bryta upp det igen och igen och kultivera jorden. Närhelst Guds Ord inte stämmer överens med deras tankar, måste de fundera på om deras tankar verkligen är korrekta. De måste också se till att de samlar på sig många goda gärningar så att Gud kan ge dem nåd.

Ibland ber människor mig att be för dem så att de kan få tro. Det är givetvis tråkigt att de inte kan få tro ens efter att ha sett Guds kraft och lyssnat så mycket på Guds Ord, men det är i alla fall bättre än att inte alls försöka. Familjemedlemmar och församlingsledare måste be för dem vars hjärtan är som vägen och leda dem, men det är viktigt att de själva också lägger manken till. Då kommer Ordets frön börja slå rot i deras hjärtan vid en specifik tidpunkt.

**Hjärtat som liknas vid stenig mark måste göra sig av med kärleken till den här världen.**

Om man sår frön på stenig mark, kommer det att skjuta skott men de kan inte riktigt slå rot på grund av stenarna. På samma sätt är det med människor som har hjärtan som stenig mark, så fort prövningar, förföljelse och frestelser kommer så faller de.

När de tar emot Guds nåd, känner de att de verkligen vill försöka leva efter Guds Ord. De kanske till och med också upplever den Helige Andes kraftgärningar. Då kan man säga att Ordets frö har fallit på deras hjärtan och slagit rot. Men efter att de tagit emot denna nåd, börjar tankar som motsäger Guds Ord resa sig upp i deras sinne när de är på väg till kyrkan följande söndag. De har verkligen upplevt den Helige Ande, men nu har de börjat tvivla på det och börjar tro att det bara var en stund av upprymdhet de upplevde. Deras tankar får dem att tvivla, och de stänger sitt hjärtas dörr igen.

För andra blir det konflikt när de inte riktigt kan sluta med sina fritidsintressen eller andra nöjen som de brukade göra tidigare, och därför inte kan helga Herrens dag. Om de förföljs av familjemedlemmar eller chefen på jobbet medan de lever ett andefyllt liv i tro, slutar de gå till kyrkan. De tar emot stor nåd och verkar under en tid att leva ihärdigt i tro, men får de problem med andra troende i församlingen, blir de sårade och lämnar snart församlingen.

Vad är då orsaken till att Ordets frö inte slår rot? Det beror på "stenarna" som finns i hjärtat. "Stenar" är ett symboliskt ord för köttet i hjärtat och det är dessa osanningar som hindrar en att lyda Ordet. Bland många osanna ting, finns det sådant som är så hårt att det hindrar Ordets frö från att slå rot. För att vara mer specifik, det är köttet i hjärtat som älskar denna värld.

Om de älskar någon form av världsliga nöjen är det svårt för dem att följa Ordet som säger åt dem att "helga sabbaten." De som har stenig mark i form av girighet i sina hjärtan kommer inte heller till kyrkan för de hatar att ge tionde och offer till Gud. En del människor har stenar av hat i sina hjärtan vilket hindrar kärlekens ord från att slå rot.

Bland de som är duktiga på att komma till kyrkan finns det dem som har hjärtan som stenig mark. Även om de till exempel har vuxit upp i en kristen familj och lärt sig Ordet från barndomen, lever de ändå inte efter Ordet. De har upplevt den Helige Ande och tar ibland emot nåd också, men de gör sig inte av med sin kärlek till den här världen. Medan de lyssnar på Ordet tänker de för sig själva att de inte borde leva som de lever just nu, men när de kommer hem igen fortsätter de att leva som förut i världen. De lever sina liv som balanserande på ett staket, med en fot hos Gud och den andra foten i världen. På grund av det Ord de har hört lämnar de inte Gud, men de har fortfarande många stenar i sina hjärtan som hindrar Guds Ord från att slå rot.

Det finns också en del stenig mark som bara är delvis stenig. Det finns till exempel människor som är trogna utan ett föränderligt sinne. De bär också vissa frukter. Men de har hat i hjärtat och konflikter med andra i precis allt. De är också dömande och fördömer, och på så sätt stör de friden överallt. Därför saknar de, efter så många år, frukten kärlek och vänlighet. Andra har milda och goda hjärtan. De tänker på andra och förstår hur andra har det, men de är inte trogna. De bryter lätt sina löften och är oansvarliga i många aspekter. Därför måste de förbättra sig vad gäller deras brister och plöja sin hjärteåker så den blir till god jord.

Hur plöjer man då den steniga marken?

Först måste vi noggrant följa Ordet. En troende person försöker fullgöra sina uppgifter i lydnad till Ordet som uppmanar oss att vara trogna. Men det är inte så lätt som han förväntar sig.

När han bara var en vanlig medlem i församlingen utan titel

eller position betjänade andra medlemmar honom. Men nu har han fått positionen där han måste betjäna vanliga medlemmar. Han kanske gör sitt bästa, men han har en negativ inställning när han arbetar med någon som inte riktigt håller med honom om hur jobbet ska göras. Hans negativa inställning som förakt och hett temperament kommer upp från hans hjärta. Han förlorar gradvis Andens fullhet, och överväger till och med att säga ifrån sig sin uppgift.

Dessa negativa känslor är stenarna som han måste göra sig av med från sin hjärteåker. Dessa negativa känslor härstammar från den stora stenen som kallas "hat." När han försöker lyda Ordet "var trogen" möter han stenen "hat." När han upptäcker den måste han attackera denna sten "hat" och dra upp den. Bara då kan han lyda Ordet som säger åt oss att älska andra och skapa frid. Han får inte ge upp bara för att det är svårt, men han måste hålla fast vid sin uppgift ännu mer och fullgöra den än mer passionerat. På det här sättet kan han förändras till en arbetare som är mild.

Sedan måste vi be intensivt medan vi praktiserar Guds Ord. När regnet faller på stenarna på åkern, blir jorden fuktig och mjuk. Då är det en bra tid att flytta bort stenarna. På samma sätt, när vi ber, blir vi fyllda med Anden, och våra hjärtan blir mjuka. När vi är fyllda med den Helige Ande genom böner, får vi inte missa den chansen. Vi måste snabbt ta bort de stenarna. Det innebär att vi omedelbart måste börja praktisera det som vi inte riktigt kunde lyda förut. När vi fortsätter att göra så igen och igen, kommer även stora stenar djupt inom oss kunna rubbas och dras upp. När vi tar emot nåden och styrkan som Gud har gett från ovan och tar emot den Helige Andes fullhet, då kan vi göra oss av med synder och ondska som vi inte med egen viljekraft kunde göra oss av med.

**Fältet med törnen bär inte frukt på grund av världsliga bekymmer och bedräglig rikedom.**

Om vi sår frön på platser med törnen, kommer det att slå rot och växa upp, men på grund av törnen kan det inte bära frukt. På samma sätt är det med dem vars hjärtan är som törnefält, de tror och försöker praktisera Ordet som getts ut, men de kan inte omsätta det i handling helt och hållet. Det beror på att de har världsliga bekymmer och bedräglig rikedom, vilket är girighet efter pengar, berömmelse och makt. På grund av detta är de plågade och prövade.

Sådana människor har konstant oro över världsliga saker som hemmets sysslor, deras företag eller hur det ska gå på jobbet imorgon, och de tänker på det även när de kommer till kyrkan. De borde få tröst och ny styrka under mötet i kyrkan, men i stället får de bara ännu större berg av oro och bekymmer. Även om de spenderar så många söndagar i kyrkan, kan de ändå inte uppleva sann glädje och frid när de helgar sabbaten. Om de verkligen helgade söndagarna, skulle det stå väl till med deras själar och de skulle ta emot andliga och materiella välsignelser. Men de kan inte ta emot sådana välsignelser. Därför måste de ta bort törnen och praktisera Guds Ord ordentligt, så att de kan få en god jordmån i hjärtat.

Hur plöjer man då ett törnefält?

Vi måste dra upp törnena med rötterna. Törnen symboliserar köttsliga tankar. Deras rötter symboliserar ondska och köttsliga ting i hjärtat. Det innebär att ondska och köttsliga egenskaper som finns i hjärtat är källan till de köttsliga tankarna. Om grenarna bara huggs av på törnebusken, kommer de att växa ut igen. På samma sätt är det med oss, även om vi bestämmer oss för att inte ha köttsliga tankar kan vi inte hindra dem så länge vi har ondska i våra hjärtan. Vi måste dra upp köttet ur hjärtat med rötterna.

Om vi bland många rötter drar upp rötterna som kallas girighet och arrogans, kan vi göra oss av med en avsevärd mängd kött från vårt hjärta. Om vi har girighet efter köttsliga ting är vi bundna till världen och världsliga bekymmer. Då tänker vi alltid på vad som är bäst för oss själva och följer vår egen väg, även fast vi säger att vi lever efter Guds Ord. Om vi har arrogans kan vi inte heller lyda ordentligt. Vi kommer att använda köttslig visdom och våra köttsliga tankar eftersom vi anser att vi är kapabla nog att göra något själva. Därför måste vi först dra upp rötterna som heter girighet och arrogans.

## Kultivera god jord

När frön sås i god jord, skjuter de skott och växer upp och bär frukt trettiofalt, sextiofalt eller hundrafalt. De som har en god jord i sin hjärteåker har ingen självrättfärdighet eller ramverk som de med vägliknande jordmån i sin hjärteåker. De har inga stenar eller törnen, och därför lyder de Guds Ord direkt med "ja" och "amen." På det här sättet kan de bära överflödande frukt.

Det är förstås svårt att dra en klar skiljegräns mellan vägen, den steniga marken, törnebuskarna och den goda jorden i människans hjärta. Men till en viss grad kan vi analysera det. En vägliknande hjärteåker kan ha en del stenig mark också. Även god jord kan ha en del osanningar som är som stenar under tillväxtprocessen. Men oavsett vilket jordmån det är, kan vi göra det till god jord om vi uthålligt plöjer åkern. Det är viktigare att vi är uthålliga i att plöja åkern än att fundera på vilken slags hjärteåker vi har.

Även öde, karga trakter kan kultiveras till fält med god jord om bonden plöjer uthålligt. På samma sätt kan människans hjärteåker förändras genom Guds kraft. Även förhärdade hjärtan, vägliknande hjärtan, kan plöjas med den Helige Andes hjälp.

Att ta emot den Helige Ande betyder nödvändigtvis inte att våra hjärtan automatiskt kommer att förändras. Vi måste göra något själva också. Vi måste försöka be ivrigt, försöka att bara tänka på det som är sant hela tiden, och försöka praktisera sanningen. Vi får inte ge upp efter några veckor eller månaders ihärdiga försök, utan fortsätta och fortsätta att försöka.

Gud betänker vår kamp innan Han ger oss sin nåd och kraft och den Helige Andes hjälp. Om vi kommer ihåg vad vi måste förändra och faktiskt förändrar dessa egenskaper genom Guds nåd och kraft och den Helige Andes hjälp, då kommer vi definitivt förändras på bara ett år. Vi kommer tala goda sanningsenliga ord, och våra tankar kommer att förändras till goda sanningsenliga tankar.

Efter hur mycket vi plöjer vår hjärteåker till god jord, kan andra frukter från den Helige Ande också bära frukt i oss. Framför allt frukten mildhet hör ihop med kultiveringen av vår hjärteåker. Om vi inte gör oss av med olika osanningar som hett temperament, hat, avundsjuka, girighet, bråk, skryt, och självrättfärdighet, kan vi inte få mildhet. Då kommer inte andra själar att finna vila hos oss.

Det är därför som mildhet är mer direkt relaterad till helighet än andra frukter från den Helige Ande. Vi kan snabbt ta emot svar på allt vi ber om precis som god jord som producerar frukt, om vi kultiverar andlig mildhet. Vi kommer också kunna höra den Helige Andes röst mycket tydligare, så att vi kan bli ledda till att göra allt så det får framgång.

## Välsignelser för de milda

Det är inte lätt att styra ett företag med hundratals anställda. Även om du har blivit gruppledare genom röstning, är det inte lätt att leda hela gruppen. För att kunna förena så många människor och leda dem, måste man kunna vinna deras hjärtan genom andlig mildhet.

Visst händer det att människor följer de som har kraft eller de som är rika och verkar hjälpa de som har behov i världen. Ett koreanskt ordspråk säger, "När en ministers hund dör sörjer många, men när ministern själv dör, sörjer ingen." Precis som ordspråket säger kan man ta reda på om en person verkligen har en generös karaktär när han förlorar sin makt och rikedom. När en person är rik och mäktig, kan det se ut som människor följer honom, men det är svårt att finna någon som stannar kvar med en sådan person till slutet om han förlorar all sin makt och rikedom.

Men den som har hedervärdig generositet har många som följer honom, även om han förlorar sin makt och rikedom. De följer honom inte på grund av ekonomiska vinster, utan för att de finner vila hos honom.

Även i församlingen finns det ledare som säger att det är svårt eftersom de inte kan acceptera och omfamna en del av cellgruppsmedlemmarna. Om de vill ha väckelse i sin grupp, måste de först kultivera ett milt hjärta, lika mjukt som bomull. Då kommer medlemmarna finna vila i sina ledare, njuta av friden och lyckan, och då följer väckelse automatiskt. Pastorer och predikanter måste vara väldigt milda och kunna acceptera många själar.

Det finns välsignelser som ges till de milda ["ödmjuka" i den svenska bibelöversättningen, övers. anm.]. Matteus 5:5 säger, *"Saliga är de ödmjuka, de skall ärva jorden."* Som vi har nämnt tidigare, att ärva jorden betyder inte att vi kommer att ta emot mark här i denna värld. Det betyder att vi kommer ta emot mark i himlen efter hur mycket vi har kultiverat andlig mildhet i våra hjärtan. Vi kommer kunna ta emot ett tillräckligt stort hus i himlen så att vi kan inbjuda alla själar som funnit sin vila hos oss.

Att få en så stor boplats i himlen betyder också att vi kommer ha väldigt ärbara positioner också. Även om vi äger ett stort landområde på jorden, kommer vi inte ta med det in i himlen. Men det landområdet vi får i himlen genom att kultivera ett milt hjärta kommer bli vårt arv som aldrig försvinner. Vi kommer att njuta av evig lycka där vi bor tillsammans med Herren och våra nära och kära.

Därför hoppas jag att du uthålligt kommer att plöja din hjärteåker så att du kan bära frukten mildhet, så att du kan få inta ett lika stort landområde som ditt arv i himmelriket som Mose fick.

1 Korinterbrevet 9:25

*"Men alla som tävlar underkastar sig i allt hård träning*

*["självbehärskning" i den engelska bibelöversättningen]*

*– de för att vinna en segerkrans som vissnar,*

*vi för att vinna en som aldrig vissnar."*

*Kapitel 10*

# Självbehärskning

Självbehärskning behövs i livets alla områden
Självbehärskning är grundläggande för Guds barn
Självbehärskning fullkomnar den Helige Ande frukter
Bevis på att frukten självbehärskning bärs
Om du vill bära frukten självbehärskning

Självbehärskning

Ett maraton är ett 42,195 km långt lopp. Löparna måste vara duktiga på att hålla reda på sin takt för att kunna komma över mållinjen. Det är inte ett kortdistanslopp som snabbt tar slut och därför ska de inte springa med full fart när de vill. De måste ha en väldigt stadig takt genom hela loppet, och när de kommer till en lämplig punkt, kan de lägga in en sista spurt.

Samma princip är tillämpbar på våra liv också. Vi måste se till att vara stadigt trogna ända till slutet i vårt troslopp och vinna kampen mot oss själva för att segra. De som också vill ta emot underbara kronor i himmelriket måste kunna utöva självbehärskning i allt.

## Självbehärskning behövs i livets alla områden

Vi kan se i den här världen att de som inte har självbehärskning försvårar för sig själva och gör sina liv invecklade. Om föräldrar till exempel ger för mycket kärlek till sin son för att han är det enda barnet, är det väldigt troligt att barnet blir bortskämt. Så finns det de som, trots att de har familj att ta hand om, är beroende av spel av något slag eller andra former av njutningar som ruinerar familjen eftersom de inte kan kontrollera sig själva. De säger, "Det här är sista gången. Jag ska inte göra det mer efter denna gång", men denna "sista gång" kommer tillbaka om och om igen.

I den berömda kinesiska historiska romanen Romansen om de Tre Kungadömena är Zhang Fei full av tillgivenhet och mod men han är lättretad och aggressiv. Liu Bei och Guan Yu, som svär broderskap med honom, oroar sig alltid över att han när som helst kan göra ett misstag. Zhang Fei får många råd, men han kan inte riktigt förändra sin karaktär. Till slut möter han problem på grund av sitt heta temperament. Han misshandlar och piskar sina underordnade som inte nått upp till hans förväntningar, och två män som på grund av orättvis bestraffning hyser agg mot honom, mördar honom och överlämnar sig själva till fiendens läger.

På samma sätt sårar de som inte kan kontrollera sitt humör många människors känslor både i hemmet och på arbetsplatsen. Det är lätt för dem att orsaka fiendskap mellan sig själva och andra, och därför är det inte troligt att de kommer att leva framgångsrika liv. Men de som är visa lägger skulden på sig själva och står ut med andra även i provocerande situationer. Även om andra gör stora misstag, kan de kontrollera sitt humör och smälta de andras hjärtan med ord av tröst. Sådana handlingar är visa handlingar som kommer vinna många människors hjärtan och göra så att deras liv blomstrar.

## Självbehärskning är grundläggande för Guds barn

Vi som Guds barn behöver framför allt självbehärskning för att kunna göra oss av med synder. Ju mindre självbehärskning vi har, desto svårare kommer vi tycka att det är att göra oss av med synder. När vi lyssnar till Guds Ord och tar emot Guds nåd bestämmer vi oss för att förändra oss själva, men vi kan fortfarande bli frestade av denna värld igen.

Vi kan märka detta på de ord som kommer från våra läppar. Många människor ber om att deras läppar ska bli heliga och fullkomliga. Men i vardagslivet glömmer de vad de har bett om, och säger vad de vill och följer sina gamla ovanor. När de ser något hända som är svårt för dem att förstå eftersom det går emot vad de tänker eller tror, börjar en del snart klaga och gnälla över det.

Senare kan de ångra att de klagade, men de kan inte behärska sig själva när deras känslor blivit uppjagade. Andra tycker om att prata så mycket att de inte kan hejda sig när de väl har börjat. De märker inte om de talar ord av sanning eller av osanning, och vet inte vad de borde säga och inte säga, så de gör många misstag.

Vi kan förstå hur viktigt det är med självbehärskning bara genom att se på detta med att kontrollera våra ord.

## Självbehärskning fullkomnar den Helige Andes frukter

Men frukten självbehärskning, som en av den Helige Andes frukter, handlar inte bara om att behärska oss så att vi inte begår synder. Den självbehärskningen som är en av de frukterna från den Helige Ande kontrollerar de andra frukterna från den Helige Ande så att de blir fullkomliga. Det är därför som den första frukten från Anden är kärlek och den sista är självbehärskning. Självbehärskning är relativt mindre synlig än de andra frukterna, men den är väldigt viktig. Den kontrollerar allt så att det blir stabilitet, struktur och fasthet i ens liv. Den nämns sist bland de andra frukterna från Anden eftersom alla de andra frukterna blir fullkomnade genom självbehärskningen.

Även om vi till exempel har frukten glädje, kan vi inte bara uttrycka vår glädje var som helst och när som helst. När andra människor sörjer under en begravning, och du kommer med ett stort leende på din mun, vad kommer de då säga om dig? De kommer inte säga att du är älskvärd för att du bär frukten glädje. Även fast frälsningens glädje är så stor, måste vi kunna kontrollera den beroende på vilken situation vi är i. På det här sättet kan vi göra den till en sann frukt från den Helige Ande.

Det är viktigt att ha självbehärskning när vi är trogna mot Gud också. Det gäller särskilt dig som har många uppgifter. Du måste sätta av tillräckligt med tid för att kunna vara där du mest behöver vara, i rätt tid. Även om ett möte du är på är riktigt härligt, behöver du avsluta det när det ska avslutas. På samma sätt behöver vi ha frukten självbehärskning för att vara betrodda i hela Guds hus.

Det är på samma sätt med alla andra frukter från den Helige Ande, som kärlek, barmhärtighet, godhet, etc. När frukterna som finns i hjärtat syns i handlingar måste vi följa den Helige Andes ledning och röst för att göra rätt sak i rätt tid. Vi kan prioritera arbete som behöver göras först och vad som kan göras senare. Vi kan avgöra om vi ska gå framåt eller ta ett steg bakåt. Vi kan ha en sådan urskiljningsförmåga genom denna frukten självbehärskning.

Om någon bär alla frukter från den Helige Ande fullständigt, betyder det att han gör den Helige Andes vilja i allt. För att kunna göra den Helige Andes vilja och handla i fullkomlighet, måste vi ha frukten självbehärskning. Det är därför vi säger att alla frukter från den Helige Ande fullkomnas genom självbehärskning, den sista frukten.

## Bevis på att frukten självbehärskning bärs

När de andra frukterna från den Helige Ande som bärs i hjärtat syns utåt, kommer frukten självbehärskning som en medlare för att skapa harmoni och ordning. Även när vi tar något gott i Herren är det inte alltid bäst att ta så mycket du kan. Man brukar säga, "För mycket av något är värre än för lite av något." När det gäller det andliga också, vi måste göra allt med måttlighet och följa den Helige Andes vilja.

Låt mig nu i detalj förklara hur frukten självbehärskning kan bli synlig.

**För det första måste vi följa den hierarkiska ordningen i allt.**

Genom att förstå vår position i strukturen, kommer vi förstå när vi ska handla och inte handla och vilka ord vi ska tala och inte tala. Då kommer det inte bli några dispyter, bråk eller missförstånd. Vi ska inte heller göra något opassande eller något som är utöver de begränsningar som vår position ger oss. Om till exempel en ledare för en missionsgrupp ber administratören om att göra en uppgift. Denna administratör är full av passion och känner att han har en bättre idé, så han ändrar på en del som han själv tycker det ska vara och gör uppgiften på det sättet. Även om han har arbetat med passion, har han inte följt ordningen utan ändrat på saker, på grund av brist på självbehärskning.

Gud kan erkänna oss när vi följer ordningen efter de positioner som finns i församlingens missionsgrupp, som ordförande, vice ordförande, administratör, sekreterare och kassör. Våra ledare kanske har ett annat sätt att göra saker på än vad vi själva har. Även om vårt eget sätt verkar mycket bättre och förmodligen skulle ge mer frukt, kan vi inte bära god frukt om ordningen och friden är bruten. Satan kommer alltid gå emellan när friden är bruten, och Guds arbete kommer att hindras. Om inte det som ledaren säger man ska göra är helt och hållet osanning, måste vi tänka på hela gruppen och lyda och sträva efter frid i enlighet med ordningen så att allt kan göras på ett underbart sätt.

**För det andra måste vi tänka på innehållet, val av tidpunkt och plats även när vi gör något som är bra.**

Att till exempel ropa ut i bön är något bra, men om du ropar lite var som helst utan diskretion, kan det vanära Gud. Också när du predikar evangeliet eller gör hembesök hos medlemmar för att ge andlig vägledning, måste du urskilja vilka ord du ska använda. Även om du förstår en del djupa andliga ting, kan du inte bara sprida det till vem som helst. Om du delar något som inte passar den personens mått av tro kan det göra så att den personen snavar eller börjar bli dömande och fördömande.

I vissa fall kan en person berätta sitt vittnesbörd eller dela med sig av det andliga han har förstått till människor som är upptagna med något annat för tillfället. Även om innehållet är väldigt bra, kan han inte riktigt hjälpa andra om det inte ges i en lämplig situation. Även om de försöker lyssna på honom för att inte vara oartiga, kan de inte ge sin fulla uppmärksamhet till vittnesbördet eftersom de är upptagna och stressade. Låt mig ge er ett annat exempel. När en liten församling eller en grupp människor sitter i ett konsulterande möte med mig och en person plötsligt börjar berätta sitt vittnesbörd, vad händer med det mötet då? Personen ger ära till Gud eftersom han är full av nåd och Anden. Men det leder till att denna individ själv använder upp allt tid som var avsatt för hela gruppen. Detta är brist på självbehärskning. Även om du gör något väldigt bra, behöver du ta hänsyn till alla slags situationer och ha självbehärskning.

**För det tredje, vi är inte otåliga eller stressade utan lugna så att vi kan reagera med urskiljning i varje situation.**

De som inte har självbehärskning är otåliga och brister i hänsyn till andra. När de stressar har de mindre möjlighet att kunna urskilja och de kanske missar några viktiga detaljer. De kommer med förhastade slutstatser och dömer eller blir fördömande och det blir obekvämt för andra. De som är otåliga när de lyssnar på andra eller svarar hastigt, kommer att göra många misstag. Vi får inte otåligt avbryta någon som talar. Vi måste lyssna uppmärksamt till slutet så att vi kan undvika förhastade slutsatser. Om vi på detta sätt kan förstå vad personen vill säga, kommer vi kunna reagera på rätt sätt.

Innan Petrus tog emot den Helige Ande var han en otålig och utåtriktad person. Han försökte desperat behärska sig själv inför Jesus, men även då hände det att hans karaktär avslöjades. När Jesus berättade för Petrus att han skulle förneka Honom innan korsfästelsen, försökte han omedelbart motbevisa vad Jesus sa, och hävdade att han aldrig skulle förneka Herren.

Om Petrus hade haft frukten självbehärskning, skulle han inte direkt ha gått emot Jesus utan skulle ha försökt finna det korrekta gensvaret. Hade han vetat att Jesus är Guds Son, och att Han aldrig skulle säga något meningslöst, skulle han ha bevarat Jesu ord i sina tankar. Genom att göra så skulle han ha kunnat vara mer uppmärksam så att det inte skulle ha hänt det som sedan hände. Rätt urskiljning som hjälper oss att reagera på rätt sätt kommer från självbehärskningen.

Judarna hade stor förtröstan på sig själva. De var så stolta över att de höll Guds lag strikt. Och efter att Jesus hade tillrättavisat fariséerna och sadducéerna som var politiska och religiösa ledare, kunde de inte ha några goda känslor gentemot Honom. När Jesus sa att Han är Guds Son, ansåg de att det var hädelse. Just då var lövhyddohögtiden nära. Omkring skördetiden satte man upp lövhyddor för att komma ihåg Uttåget och tacka Gud. Man brukade bege sig upp till Jerusalem för att fira högtiden.

Men Jesus gick inte till Jerusalem fastän högtiden närmade sig, och Hans bröder uppmanade honom att gå till Jerusalem, göra mirakler och träda fram öppet för att få stöd bland folket (Johannes 7:3-5). De sade, *"Ingen som vill bli känd gör något i hemlighet. Om du gör sådana gärningar, träd då öppet fram för världen!"* (v. 4). Även om något verkar logiskt, har det ingen relation till Gud om det inte är i enlighet med Hans vilja. På grund av vad Jesu bröder själva hade i tankarna tyckte inte ens de att det var rätt att Han i tysthet väntade på sin tid.

Om Jesus inte hade haft självbehärskning skulle Han ha gått upp till Jerusalem direkt för att träda fram öppet och visa sig själv. Men Han vacklade inte när Hans bröder sa vad de sa. Han bara väntade på den rätta tiden och för Guds omsorgsfulla plan att bli uppenbarad. Och sedan gick Han upp till Jerusalem i tysthet efter att alla bröder hade gått och utan att folket lade märke till Honom. Han handlade utifrån Guds vilja och visste exakt när

Han skulle gå och när Han skulle stanna kvar.

## Om du vill bära frukten självbehärskning

När vi samtalar med andra händer det ofta att deras ord och inre hjärtan inte stämmer överens. En del försöker avslöja andras fel för att täcka över sina egna. De kan be om något för sig själva på grund av deras girighet, men det låter som om de ber om det för någon annan. De verkar ställa en fråga för att kunna förstå Guds vilja, men i själv verket fiskar de efter det svar de själva vill ha. Men om du lugnt samtalar med dem, kommer du få se att innehållet i deras hjärtan snart avslöjas.

De som har självbehärskning kommer inte lätt att vackla av vad andra säger. De kan lugnt lyssna och urskilja vad som är sant genom den Helige Andes verk. Om de med urskiljer och svarar med självbehärskning, kan de reducera många misstag som annars skulle komma av felaktiga beslut. De kommer att ha makt och tyngd i sina ord efter hur behärskade de är och därför kan deras ord ha en starkare påverkan på andra. Så hur kan vi då bära denna viktiga frukt som heter självbehärskning?

**För det första måste vi ha oföränderliga hjärtan.**

Vi måste kultivera sanningsenliga hjärtan som inte har någon falskhet eller listighet. Då kan vi ha makten att göra det vi bestämmer oss för. Vi kan givetvis inte bara kultivera ett sådant hjärta på en dag. Vi behöver fortsätta att träna oss själva, och börja med att bevara våra hjärtan i små ting.

Det var gång en mästare och hans lärlingar. En dag gick de till marknadsplatsen och några köpmän på marknaden hamnade i bråd med dem på grund av ett missförstånd. Lärlingarna blev ursinniga och gav sig in i bråket, men mästaren var lugn. När de kom hem från marknaden, tog han ut en bunt med brev från garderoben. Breven innehöll ogrundad kritik mot honom, och han visade dem för sina elever.

Sedan sade han, "Jag kan inte undgå att bli missförstådd. Men jag bryr mig inte om att jag blir missförstådd av människor. Jag kan inte undvika den första smutsen som kommer emot mig, men jag kan fortfarande undvika dårskapen i att ta emot den andra smutsen."

Den första smutsen är att vara någon som andra skvallrar om. Den andra smutsen är att tillåta sina obekväma känslor och hamna i diskussioner och bråk på grund av sådant skvaller.

Om vi har ett hjärta som denne mästaren, kommer vi inte att vackla i en enda situation. I stället kommer vi att kunna bevara våra hjärtan, och våra liv bevaras i frid. De som kan bevara sina hjärtan kan behärska sig i allt. Efter hur mycket vi har gjort oss av med all slags ondska som hat, avundsjuka, och svartsjuka, kan vi få Guds förtroende och bli älskade av Honom.

Det som mina föräldrar lärde mig i min barndom har verkligen hjälpt mig i min pastorstjänst. När jag fick lära mig korrekt sätt att tala, gå och uppföra mig, lärde jag mig att bevara mitt hjärta och behärska mig själv. När vi väl beslutar oss för något, måste vi bevara den beslutsamheten och inte förändra beslutet som det passar oss. När vi samlar på oss sådana strävanden, kommer vi till slut ha ett oföränderligt hjärta och få kraft till självbehärskning.

Härnäst måste vi träna oss själva på att lyssna på den Helige Andes vilja genom att inte tänka på vår egen åsikt först.

Efter hur mycket vi har lärt oss Guds Ord, låter den Helige Ande oss höra Hans röst genom Ordet som vi har lärt oss. Även om vi blir orättvist anklagade kommer den Helige Ande säga åt oss att förlåta och älska. Då kan vi tänka, "Denna person måste ha någon orsak med att göra vad han gör. Jag ska försöka låta hans missförstånd försvinna genom att tala med honom på ett vänligt sätt." Men om vårt hjärta har mer av osanning i sig, kommer vi först att höra Satans röst. "Om jag låter honom vara, kommer han att se ner på mig. Jag måste lära honom en läxa." Även om vi kanske hör den Helige Andes röst, kommer vi att missa den eftersom den är för svag jämfört med de överväldigande onda tankarna.

Vi kan därför höra den Helige Andes röst när vi uthålligt gör oss av med osanningar som finns i våra hjärtan och bevarar Guds Ord i våra hjärtan. Vi kommer att kunna höra den Helige Andes röst mer och mer när vi lyder till och med den svaga rösten från Anden. Vi måste först försöka höra den Helige Andes röst, i stället för det som vi tror är mer akut och vad vi tycker är gott. När vi då hör Hans röst och tar emot Hans uppmaningar kommer vi kunna lyda den och göra det Han säger. När vi tränar oss själva i att vara uppmärksamma på vad som är den Helige Andes vilja hela tiden, kommer vi kunna urskilja även den allra minsta lilla rösten från den Helige Ande. Då kommer vi kunna ha harmoni i allt.

När man ser det så här verkar självbehärskning vara den minst framträdande egenskapen av alla de nio frukterna från den Helige Ande. Men trots det är den nödvändig tillsammans med alla de andra frukterna. Det är självbehärskning som kontrollerar alla de andra åtta frukterna från den Helige Ande: kärlek, glädje, frid, tålamod, vänlighet, godhet, trohet och mildhet. Dessutom är det inte förrän självbehärskningen finns som de andra åtta frukterna blir fullkomliga, och det är därför som den sista frukten självbehärskning är den viktigaste.

Var och en av dessa frukter från den Helige Ande är värdefullare och vackrare än någon dyrbar ädelsten i den här världen. Vi kan ta emot allt vi ber om och vi kommer ha framgång i alla om vi bär den Helige Andes frukter. Vi kan också öppet ge äran till Gud genom att manifestera makt och kraft från Ljuset i den här världen. Jag hoppas att ni kommer att längta efter och få frukterna från den Helige Ande mer än någon annan skatt i den här världen.

Galaterbrevet 5:22-23

*"Men Andens frukt däremot är*

*kärlek, glädje, frid, tålamod,*

*vänlighet, godhet, trohet, mildhet och självbehärskning.*

*Sådant är lagen inte emot."*

*Kapitel 11*

# Sådant är lagen inte emot

För ni blev kallade till frihet
Vandra i Anden
Den första av de nio frukterna är kärlek
Sådant är lagen inte emot

Sådant är lagen inte emot

Aposteln Paulus var en av judarna, och han var på väg till Damaskus för att fängsla kristna. På sin väg mötte han dock Herren och omvände sig. Innan dess hade han inte insett sanningen i evangeliet att man blir frälst genom tro på Jesus Kristus, men efter att han hade tagit emot den Helige Ande som gåva började han leda evangelisationen till hedningarna genom den Helige Andes ledning.

Den Helige Andes nio frukter finns nedskrivna i kapitel 5 i Galaterbrevet, som är ett av Paulus brev. Om vi förstår hur det var på den tiden, kan vi förstå orsaken till varför han skrev Galaterbrevet och hur viktigt det är för kristna att bära Andens frukt.

## För ni blev kallade till frihet

På sin första missionsresa åkte Paulus till Galatien. I synagogan predikade han inte Mose lag och omskärelsen, utan endast evangeliet om Jesus Kristus. Hans ord bekräftades med åtföljande tecken, och många människor kom till frälsningen. De troende i församlingen i Galatien älskade Paulus så mycket, att om det var möjligt, skulle de ha rivit ut sina ögon och gett dem till honom.

När Paulus var färdig med sin första missionsresa och återvände till Antiokia uppstod ett problem i församlingen. Några från Judéen kom och lärde dem att hedningarna måste omskäras för att kunna ta emot frälsningen. Paulus och Barnabas hade stora meningsskiljaktigheter med dem och debatterade med dem.

Bröderna bestämde att Paulus och Barnabas och några andra skulle åka till Jerusalem till apostlarna och de äldste och ta upp frågan där. De kände behovet av att komma fram till en slutsats angående Mose lag medan de predikade evangeliet till hedningarna både i församlingen i Antiokia och i Galatien.

Apostlagärningarna kapitel 15 visar oss vad som hände innan och efter mötet i Jerusalem, och från det kan vi få insikt i hur allvarlig situationen var på den tiden. Apostlarna, som var Jesu lärjungar, och de äldste och församlingens representanter samlade och diskuterade frågan och efter lång överläggning kom de fram till att hedningarna skulle avhålla sig från att äta sådant som har offrats till avgudar, från otukt och från att äta kött från kvävda djur och från blod.

De sände män till Antiokia för att lämna över det officiella brevet där det stod en sammanfattning av rådets beslut, eftersom Antiokia var centrum för evangelisation till hedningarna. De gav en viss frihet till hedningarna när det gällde att hålla Mose lag eftersom det skulle vara väldigt svårt för dem att hålla lagen, liksom det var svårt för judarna. På det här sättet kunde vilken hedning som helst ta emot frälsning genom tro på Jesus Kristus.

Apostlagärningarna 15:28-29 säger, *"Den Helige Ande och vi har nämligen beslutat att inte lägga någon börda på er förutom följande nödvändiga föreskrifter: Ni skall avhålla er från allt kött som offrats åt avgudar, från blod, från kött av kvävda djur och från otukt. Ni gör rätt om ni undviker sådant. Allt väl!"*

Dessa föreskrifter från rådet i Jerusalem lämnades över till församlingarna, men de som inte förstod sanningen i evangeliet och korsets väg, fortsatte att i församlingarna undervisa att de troende var tvungna att hålla Mose lag. Det kom också några falska profeter in i församlingen och uppeggade de troende till att kritisera aposteln Paulus som inte undervisade lagen.

Det var i den kontexten i församlingen i Galatien, som aposteln Paulus förklarade vad sann frihet för den kristne är i sitt brev. Han berättade att han var nitisk i att följa Mose lag men blev hedningarnas apostel efter mötet med Herren, och han lärde dem sanningen i evangeliet genom att säga, *"Endast det vill jag veta: tog ni emot Anden genom att hålla lagen eller genom att lyssna i tro? Är ni så dåraktiga? Ni som började i Anden, skall ni nu sluta i köttet? Har ni lidit så mycket förgäves, ja, helt förgäves? Han som ger er Anden och gör underverk bland er, gör han det för att ni håller lagen eller för att ni lyssnar i tro, liksom Abraham?"* (Galaterbrevet 3:2-5).

Han hävdade att evangeliet om Jesus Kristus som han hade undervisat är sant eftersom det kom som en uppenbarelse från Gud, och det var därför som hedningarna inte behövde omskära sina kroppar eftersom det viktiga var att omskära hjärtat. Han lärde dem också vad köttet söker efter och vad den Helige Ande söker efter, och om köttets gärningar och den Helige Ande frukter. Det var för att låta dem förstå hur de skulle använda den frihet de hade fått genom sanningen i evangeliet.

## Vandra i Anden

Vad var då orsaken till att Gud gav Mose lag? Det var för att folket var ont och inte såg synd som synd. Gud lät dem få förståelse av vad synd var, och låta dem lösa syndens problem och nå Guds rättfärdighet. Men problemet med synderna kunde inte lösas helt och hållet genom laggärningar, och det var därför som

Gud lät människor nå Guds rättfärdighet genom tro på Jesus Kristus. I Galaterbrevet 3:13-14 står det, *"Kristus friköpte oss från lagens förbannelse, när han blev en förbannelse i vårt ställe. Det står skrivet: 'Förbannad är var och en som är upphängd på trä.' Vi friköptes, för att den välsignelse som Abraham fått skulle i Kristus Jesus komma till hedningarna och för att vi genom tron skulle få den utlovade Anden."*

Men det betyder inte att lagen upphävdes. Jesus sade i Matteus 5:17, *"Tro inte att jag har kommit för att upphäva lagen eller profeterna. Jag har inte kommit för att upphäva utan för att fullborda"* och i följande vers 20, *"Jag säger er att om er rättfärdighet inte går långt utöver de skriftlärdas och fariseernas, skall ni inte komma in i himmelriket."*

Aposteln Paulus sade till de troende i församlingen i Galatien, *"Mina barn, som jag nu än en gång med smärta föder, till Kristus har tagit gestalt i er"* (Galaterbrevet 4:19) och han sammanfattar sina råd till dem med orden, *"Ni är kallade till frihet, bröder. Använd bara inte friheten så att den onda naturen får något tillfälle, utan tjäna varandra i kärlek. Ty hela lagen är uppfylld i detta enda budord: 'Du skall älska din nästa som dig själv.' Men om ni biter och sliter i varandra, se då till att ni inte blir uppslukade av varandra"* (Galaterbrevet 5:13-15).

Som Guds barn som har tagit emot den Helige Ande, vad ska vi göra för att kunna tjäna varandra i kärlek tills Kristus tagit gestalt i oss? Vi måste vandra i den Helige Ande så att vi inte kommer att göra det köttet begär. Vi kan älska vår nästa och ha Kristi gestalt i oss om vi bär den Helige Andes nio frukter genom Hans ledning.

Jesus Kristus tog lagens förbannelse och dog på korset trots att

Han var oskyldig, och genom Honom har vi fått frihet. För att vi inte ska bli slavar under synden igen, måste vi bära Andens frukter.

Om vi begår synder igen med denna frihet och korsfäster Herren på nytt genom att göra köttets gärningar, kommer vi inte kunna ärva Guds rike. Om vi i stället bär Andens frukt genom att vandra i Anden, kommer Gud beskydda oss så att fienden djävulen och Satan inte kan skada oss. Vi kommer dessutom att ta emot allt vi ber om.

*"Mina älskade, om hjärtat inte anklagar oss är vi frimodiga inför Gud, och vad vi än ber om, det får vi av honom, ty vi håller hans bud och gör det som gläder honom. Och detta är hans bud, att vi skall tro på hans Son Jesu Kristi namn och älska varandra så som han har befallt oss"* (1 Johannes brev 3:21-23).

*"Vi vet att ingen som är född av Gud syndar. Han som är född av Gud bevarar honom, så att den onde inte kan rör honom"* (1 Johannes brev 5:18).

Vi kan bära Andens frukt och njuta av full frihet som kristna när vi har tron att vandra i Anden och tron som är verksam i kärlek.

## Den första av de nio frukterna är kärlek

Den första av de nio frukterna från Anden är kärlek. Kärleken som beskrivs i 1 Korinterbrevet 13 är den kärlek till att kultivera andlig kärlek medan kärlek som en av den Helige Andes frukter är på en högre nivå: den är gränslös och tar aldrig slut, den uppfyller lagen. Det är Guds och Jesu Kristi kärlek. Om vi har denna kärlek, kan vi offra oss själva helt och hållet med hjälp av den Helige Ande.

Vi kan bära frukten glädje efter hur mycket vi har kultiverat denna kärlek, så att vi kan glädja oss och fröjda oss i alla omständigheter. På det här sättet kommer vi inte att ha några problem med andra, och därför har vi frukten frid.

I det att vi bevarar frid med Gud, med oss själva, och med alla andra, kommer frukten tålamod att komma naturligt. Det tålamod som Gud vill se är att vi inte ens behöver stå ut med något eftersom vi har fullständig godhet och sanning i oss. Om vi har sann kärlek, kommer vi förstå och acceptera alla slags personer utan att ha någon negativ inställning. Därför kommer vi inte ens behöva förlåta eller härda ut i våra hjärtan.

När vi har tålamod med andra i godhet, kommer vi bära frukten vänlighet. Om vi i godheten har tålamod även med dem som vi inte riktigt kan förstå, då kan vi visa vänlighet mot dem. Även om de gör något som är helt utanför normen, kommer vi förstå deras synvinkel och acceptera dem.

De som bär frukten vänlighet kommer också att ha godhet. De kommer att sätta andra högre än sig själva och söka andras bästa före sitt eget. De bråkar inte med någon, och de höjer inte rösten. De kommer ha Herrens hjärta som inte krossade ett brustet strå eller släckte en rykande veke. Om du bär frukten godhet, kommer du inte insistera på att du har rätt. Du kommer bara vara betrodd i hela Guds hus och vara mild.

De som är milda kommer inte vara till hinder för någon, och de har frid med alla. De har ett generöst hjärta så att de inte kommer med dom eller fördömande mot någon utan accepterar och förstår alla.

För att kunna bära frukterna kärlek, glädje, frid, tålamod, vänlighet, godhet, trohet och mildhet i harmoni behövs självbehärskning. Överflöd i Gud är bra, men Guds verk fullgörs genom att följa ordningar. Vi behöver självbehärskning för att inte göra något för mycket, även om det är något bra. När vi följer den Helige Andes vilja på det här sättet, kommer Gud låta allt samverka till det bästa.

## Sådant är lagen inte emot

Hjälparen, den Helige Ande, leder Guds barn in i sanningen så att de kan njuta av sann frihet och lycka. Sann frihet är frälsning från synder och Satans makt som försöker stoppa oss från att tjäna Gud och njuta av ett lyckligt liv. Det är också lycka som fås i gemenskap med Gud.

Som det står i Romarbrevet 8:2, *"Ty livets Andes lag har i Kristus Jesus gjort mig fri från syndens och dödens lag"* är det friheten som bara kan fås när vi tror på Jesus Kristus i våra hjärtan och vandrar i Ljuset. Denna frihet kan inte fås genom mänsklig styrka. Den kan aldrig fås utan Guds nåd, och det är en välsignelse att vi kan få njuta av den så länge som vi bevarar vår tro.

Jesus sade också i Johannes 8:32, *"...och ni skall förstå sanningen, och sanningen skall göra er fria."* Frihet är sanningen, och den är oföränderlig. Den blir liv för oss och leder oss till evigt liv. Det finns ingen sanning i denna föränderliga värld som går mot sin undergång; bara Guds oföränderliga Ord är sanningen. Att känna sanningen är att lära sig Guds Ord, bevara det i sina tankar och sätta det i handling.

Men det är inte alltid lätt att omsätta sanningen i handling. Människor har osanningar som de har lärt sig innan de lärde känna Gud, och sådana osanningar hindrar dem från att handla utifrån sanningen. Köttets lag som vill att vi ska följa osanningen och livets Andes lag som vill att vi ska följa sanningen strider mot varandra (Galaterbrevet 5:17). Det är ett krig för att få frihet i sanningen. Detta krig kommer att pågå till dess vår tro är stadig och vi står på trons klippa som aldrig skakas.

När vi står på trons klippa, känns det mycket lättare att kämpa den goda kampen. När vi gör oss av med all ondska och blir helgade, det är då som vi till slut kan njuta av friheten i sanningen. Vi kommer inte behöva kämpa den goda kampen längre eftersom vi bara gör det som är sant hela tiden. Om vi bär den Helige Andes frukter genom Hans ledning, kan ingen hindra oss från att ha frihet i sanningen.

Det är därför det står i Galaterbrevet 5:18, *"Men om ni leds av Anden, står ni inte under lagen"* och i de följande verserna 22-23 står det, *"Andens frukt däremot är kärlek, glädje, frid, tålamod, vänlighet, godhet, trohet, mildhet och självbehärskning. Sådant är lagen inte emot."*

Budskapet om den Helige Andes nio frukter är som en nyckel som öppnar dörren till välsignelser. Men bara för att vi har nyckeln till dörren som leder till välsignelser kommer den inte öppnas av sig själv. Vi måste sätta in nyckeln i låset och vrida om, och det samma gäller Guds Ord. Oavsett hur mycket vi hör, är det inte helt och hållet vårt än. Vi kan bara ta emot välsignelserna som finns i Guds Ord när vi omsätter det i handling.

Matteus 7:21 säger, *"Inte skall var och en som säger 'Herre, Herre' till mig komma in i himmelriket, utan den som gör min himmelske Faders vilja."* Jakobs brev 1:25 säger, *"Den som däremot blickar in i frihetens fullkomliga lag och blir kvar i den och inte är en glömsk hörare utan en verklig görare, han blir salig i sin gärning."*

För att vi ska kunna ta emot Guds kärlek och välsignelser, är det viktigt att förstå vad den Helige Andes frukter är, bevara dem i våra tankar, och faktiskt bära dessa frukter genom att omsätta Guds Ord i handling. Om vi bär den Helige Ande frukter helt och hållet genom att praktisera sanningen helt och hållet, kommer vi njuta av sann frihet i sanningen. Vi kommer tydligt kunna höra den Helige Andes röst, och bli ledda på alla våra vägar, så att vi får framgång på alla områden. Jag ber i Herrens namn att ni ska få njuta av stor ära både på denna jord och i Nya Jerusalem, vår tros slutgiltiga mål.

## Författaren:
## Dr. Jaerock Lee

Dr. Jaerock Lee föddes 1943 i Muan, Jeonnamprovinsen, Republiken Korea. I tjugoåren led Dr. Lee av olika slags obotliga sjukdomar under sju år och inväntade döden utan hopp om tillfrisknande. En dag våren 1974 leddes han emellertid till en kyrka av hans syster och när han böjde knä för att be botade den levande Guden honom omedelbart från alla hans sjukdomar.

Från den stund då Dr. Lee mötte den levande Guden genom denna underbara upplevelse har han uppriktigt älskat Gud av hela sitt hjärta och 1978 fick han kallelsen av Gud att bli Hans tjänare. Han bad ivrigt och innerligt så att han skulle komma att förstå Guds vilja och helt och fullt kunna utföra den och lyda alla Guds Ord. År 1982 grundade han Manmin Centralkyrkan i Seoul, Korea och ett oräkneligt antal Guds verk, inklusive mirakulösa helanden och underverk har skett i hans församling.

År 1986 blev Dr. Lee ordinerad som pastor vid "Annual Assembly of Jesus' Sungkyul Church of Korea", och 1990, fyra år senare, började hans predikningar sändas över radio och TV i Australien, Ryssland, Filippinerna och många andra länder genom Far East Broadcasting Company, Asia Broadcast Station, och Washington Christian Radio System.

Tre år senare, 1993, valdes Manmin Centralkyrkan till en av de 50 främsta församlingarna i världen av amerikanska tidskriften *Christian World* och han mottog ett hedersdoktorat i teologi vid universitetet Christian Faith College, Florida, USA, och 1996 mottog han en Fil. Dr i pastorsämbete från Kingsway Theological Seminary, Iowa, USA.

Sedan 1993 har Dr. Lee haft en ledande roll i världsmissionen genom många internationella kampanjer i Los Angeles, Baltimore och New York i USA, Tanzania, Argentina, Uganda, Japan, Pakistan, Kenya, Filippinerna,

Honduras, Indien, Ryssland, Tyskland Peru, Demokratiska Republiken Kongo, Israel och Estland. År 2002 blev han på grund av sitt arbete med internationella kampanjer kallad "global pastor" av stora kristna tidningar i Korea.

Per oktober 2018 är Manmin Centralkyrkan en församling med mer än 120,000 medlemmar. Det finns 11,000 inrikes och utrikes församlingsutposter över hela jorden, och hittills har mer än 102 missionärer sänts ut till 23 länder, inklusive USA, Ryssland, Tyskland, Kanada, Japan, Kina, Frankrike, Indien, Kenya och många, många fler.

Fram till datumet för denna publikationen har Dr. Lee skrivit 111 böcker, inklusive bästsäljare som *En Smak av Evigt Liv Före Döden, Mitt Liv Min Tro I & II, Budskapet om Korset, Måttet av Tro, Himlen I & II, Helvetet, Vakna Israel,* och *Guds Kraft.* Hans verkar har översatts till mer än 76 språk.

Hans kristna krönikor finns i tidningarna *The Hankook Ilbo, The JoongAng Daily, The Chosun Ilbo, The Dong-A Ilbo, The Hankyoreh Shinmun, The Seoul Shinmun, The Kyunghyang Shinmun, The Korea Economic Daily, The Shisa New* och *The Christian Press.*

Dr. Lee är för närvarande grundare och ledare för ett antal missionsorganisationer och sammanslutningar såsom ordförande i The United Holiness Church of Jesus Christ; Permanent President för The World Christianity Revival Mission Association; Grundare & Styrelseordförande av Global Christian Network (GCN); Grundare Styrelseordförande för World Christian Doctors Network (WCDN); och Grundare & Styrelseordförande för Manmin International Seminary (MIS).

## Andra kraftfulla böcker av samme författare

### Himlen I & II

En detaljerad bild över den härliga boendemiljön som de himmelska medborgarna njuter av och underbar beskrivning av de olika nivåerna i de himmelska herradömen.

### Budskapet om Korset

Ett kraftfullt budskap som ger ett uppvaknande till människor som är andligt sovande! I denna bok finner du orsaken till att Jesus är den ende Frälsaren och Guds sanna kärlek.

### Helvetet

Ett allvarligt budskap till hela mänskligheten från Gud som inte vill att en enda själ ska hamna i helvetets djup! Du kommer upptäcka sådant som aldrig tidigare uppenbarats om den grymma verkligheten i Nedre Hades och helvetet.

### Ande, Själ och Kropp I & II

En guidebok som ger oss andlig insikt om ande, själ och kropp och hjälper oss att ta reda på vilket slags "jag" vi har, så att vi kan få kraft att besegra mörkret och bli en andlig person.

### Måttet av Tro

Vilka slags himmelska boplatser, kronor och belöningar är förberedda för dig i himlen? Denna bok ger visdom och vägledning och hjälper dig att mäta din tro och kultivera den till att bli den bästa och mognaste tron.

### Vakna Israel

Varför har Gud vakat över Israel ända från denna världens begynnelse till denna dag? Vad har Han i sin omsorg förberett för Israel i de sista dagarna, för dem som väntar på Messias?

### Mitt Liv, Min Tro I & II

En ytterst dyrbar andlig väldoft utvunnen från livet som blomstrar med en oförliknelig kärlek till Gud, mitt i de mörka vågorna, kalla ok och djupaste förtvivlan.

### Guds Kraft

Denna måste-läsa-bok är en viktig guide genom vilken man kan erhålla sann tro och uppleva Guds underfulla kraft.

www.urimbooks.com

www.ingramcontent.com/pod-product-compliance
Lightning Source LLC
LaVergne TN
LVHW041807060526
838201LV00046B/1159